Leb wohl, Schlaraffenland

Roland Düringer, Clemens G. Arvay: Leb wohl, Schlaraffenland

Lektorat: Dino Beck

Coverfoto: Lukas Beck
Cover: Marcin Glod
Gestaltung: Hidsch
Druck: Theiss (www.theiss.at)

Gesetzt in der *Premiéra*

1   2   3   4   5   6   —   16   15   14   13

ISBN 978-3-99001-065-5

Roland Düringer, Clemens G. Arvay

LEB WOHL, SCHLARAFFENLAND

Die Kunst des Weglassens

edition a

Inhalt

Vorwort

Oftmals ist ein Vorwort ja nichts anderes als ein als „Vorwort" deklariertes Nachwort. Das heißt: Der Autor schreibt – *nachdem* er sein Werk vollendet hat und ihm daher der Inhalt seines Buches bereits bekannt ist – ein „Vorwort" zur Einführung. Mein Vorwort schreibe ich hingegen heute, am 5. Juli 2013, also lange bevor eine Zeile dieses Buches zu Papier gebracht beziehungsweise „in den Computer hineingeklopft" wurde. Ich schreibe also über etwas, das ich noch nicht kenne, gar nicht kennen kann. Woher auch? Was es heute schon gibt, ist eine Absicht: Die Absicht, ein Buch zu veröffentlichen, es also auf den Markt zu bringen. Und dazu sind mir bereits ein paar Eckdaten bekannt:

- Erscheinungstermin ist Mitte November 2013, gerade noch rechtzeitig vor dem alljährlichen Weihnachtskaufrausch.

- Ein Coverentwurf mit dem Titel „Leb wohl Schlaraffenland – Die Kunst des Weglassens", in Grün gehalten, liegt auf meinem Schreibtisch. Als Autoren zeichnen die Herren Roland Düringer und Clemens G. Arvay.

- Termine für Buchpräsentationen sind bereits fixiert, mediale Auftritte werden verhandelt. Kooperationen mit Medien werden angedacht und der eine oder andere Interviewtermin steht schon.

- Der Ladenpreis ist, hörte ich, bereits festgelegt, mir aber im Moment entfallen. Das Ding ist also im Laufen und es gibt kein Zurück.

Dieses Buch auch tatsächlich zu schreiben wäre insofern kein Fehler, denn was nicht geschrieben wurde, kann auch schwerlich gelesen werden. Und schon zeigt sich die erste Hürde, der erste große Stolperstein. Ein Felsbrocken, möchte ich meinen, legt sich in den Weg: Ich schreibe nicht!

Ich denke mir gerne etwas aus und erzähle es anderen. Ich liebe es, in fremden Köpfen Bilder entstehen zu lassen, aber das Schreiben wurde mir zur Pein. Es wurde mir zur Strafe gemacht und das im wahrsten Sinn des Wortes. Ungebührendes Verhalten in der Schule wurde durch Schreibaufgaben bestraft. Ich weiß nicht mehr, wie viele Seiten ich aus dem Lesebuch abschreiben musste – zur Strafe und zur Besserung, also zu meinem angeblichen Besten. Zugegeben, vielleicht hatte mir die eine oder andere abzuschreibende Seite gebührt, denn es schickt sich einfach nicht, das offene Klassenbuch und damit im selben Zug auch das beige Kostüm der Klassenlehrerin mit Tinte zu versauen, auch wenn es nur eine Mutprobe war. Dies war kein strafmilderndes Argument.

In der Summe waren es jedenfalls einfach zu viele Seiten, die ich zur Strafe schreiben musste, um der körperlichen Untätigkeit des Schreibens heute noch etwas abgewinnen zu können.

Auch jetzt sitze ich vor dem Computer und schlage die Tasten an. Ich tippe, vertippe, korrigiere, tippe ... Dabei starre ich ins Flimmern des Bildschirms. Der Schultergürtel verspannt sich allmählich und mein Sitzfleisch geht verloren. Ich bin daher wirklich froh! Ich bin froh darüber, dass mir jemand anderes die Last des Schreibens von meinen schmerzenden Schultern nehmen wird. Jemand, der offenbar nicht durch Schreiben bestraft wurde, sondern der sogar darin aufgeht, und für den das Schreiben mehr bedeutet, als bloß mittels Tastatur in einem Computer schwarze Punkte entstehen zu lassen. Seine Berufung ist die Schreiberei und sein Name Clemens. Eigentlich Clemens G., was sich sehr elegant schreibt, gesprochen dann aber doch etwas protzig und angeberisch klingt. Dies zumindest, sofern man auch den „Punkt" mit ausspricht: „G-Punkt."

Clemens hat schon einige erfolgreiche Bücher verfasst. Es sind systemkritische Bücher über die Machenschaften der Lebensmittelkonzerne. Systeme, Machenschaften und die daraus entstehenden Zwänge sind auch Themen in meiner Arbeit. So haben wir uns vor geraumer Zeit gefunden, Zeit miteinander verbracht, miteinander gegessen und getrunken und oftmals im Beisein meiner geliebten Frau über Gott und die Welt, aber zumeist über das Leben an sich geplaudert. Clemens arbeitet gerade an einem neuen Buch und ich bin bald wieder mit meinen satirischen Vorträgen in Österreich unterwegs. So bleibt uns nicht viel Zeit, unsere Gedanken in ein Buch zu packen, zumal uns unser Verleger ja bereits einen Coverentwurf präsentiert und um einen Text für den Buchkatalog gebeten hat.

Wir haben also folgenden schlauen Plan: Clemens baut gerade zwei Videokameras in meinem Garten auf. Sobald das Bild eingerichtet ist, werden wir uns in dieses Bild rücken, die „Mühlen"[1] anwerfen und unser Gespräch beginnen. Als Ausgangspunkt dafür haben wir meinen Selbstversuch „Gültige Stimme", mein seit 2. Januar im Internet veröffentlichtes Videotagebuch, gewählt. Dabei geht es um die Kunst des Weglassens, um meinen persönlichen Rückzug aus unterschiedlichen Systemen. Clemens hat sich in den letzten Tagen etwa hundert Tagebucheinträge angesehen. Armer Clemens, aber er hat es ja selbst so gewollt. Dabei sind für ihn sicher einige Fragen aufgetaucht, die er mir nun stellen wird und ich werde sie so gut wie möglich beantworten und dabei, wie ich mich kenne, vom Hundertsten ins Tausendste kommen. Gut möglich, dass wir sogar übers Motorradfahren reden werden, eines meiner Fachthemen. Ich habe keine Ahnung, wie lange unsere Gespräche dauern werden. Geplant sind vorerst drei Tage. Da werden die Kameras quietschen und ächzen. Unmengen an Gerede werden auf Datenspeichern komprimiert werden.

---

1   mit „Mühlen" sind hier die beiden Kameras gemeint

Falls es uns nach drei Tagen genug erscheint – und ich denke, das wird es – ist damit mein Beitrag zu diesem Buch vorerst geleistet. Danach wird eine Mitarbeiterin oder ein Mitarbeiter des Verlages (ich weigere mich, „MitarbeiterIn" zu schreiben, denn die Zeit für den männlichen Mitarbeiter muss alleine schon aus Respekt vorhanden sein) die undankbare Aufgabe erhalten, stundenlanges, undeutliches und dialektlastiges Geplaudere ins Hochdeutsche zu transkribieren. „Nau, do wean sa se dabei fest ausscheiß'n". Die transkribierte Rohfassung wird dann an den „Schreiberling" Clemens G. Arvay übermittelt werden und dann: Ran an die Tasten, mein lieber Freund! Zusammenfassen, streichen, kopieren, einfügen, verschieben. Kurzum: stundenlanges Geplappere in Buchform bringen. Clemens, Clemens, darum werde ich dich nicht beneiden.

Nach einigen Wochen der Vorfreude wird dann ein dickes Kuvert mit dem Manuskript in meinem Postkasten landen. Das ist dann fast ein wenig wie Weihnachten. Vielleicht noch ein paar kleine Korrekturen und Verbesserungsvorschläge meinerseits und dann ab in die Druckerpresse. So werden heute Bücher gemacht. Vielleicht hatten Sie auch die naive Vorstellung von einem Autor, der monatelang seine Ergüsse unter Schmerzen zu Papier bringt, mit dem Manuskript von Verleger zu Verleger wandert, dabei die Klinken putzt und mit Menschen, die er gar nicht so recht leiden kann, essen geht und auf die Veröffentlichung seines Werkes hofft. Ähnliche Vorstellungen hatte auch ich einmal im Kopf. Aber die Welt dreht sich nun schneller und überholt sich fallweise selbst. Hinten ist plötzlich Vorne. Es kann auch beim Motorradfahren – übrigens ebenfalls „fallweise" – passieren, dass dich das Hinterrad überholt. Dies endet aber zumeist mit einem Bauchklatscher.

Was ich mir wünsche: „Leb wohl Schlaraffenland" soll kein Buch über mich werden, sondern über all jene Menschen, die so wie ich auf der Suche nach dem „Guten Leben" sind und das selbstständige Denken nicht verlernt haben. Ich zähle mich dazu. Die Lust am Schreiben hat man mir in der Schule genommen, die Freude am Sprechen nicht, da ich etwas zu sagen habe. Das Selbstdenken konnte ich mir bewahren. Aber das ist nicht unbedingt eine Frage der Bildung.

Ah, Clemens winkt herüber, die Kameras sind bereit. Möge unsere Übung gelingen!

Und damit ich es nicht vergesse: Ein Vorwort werde ich irgendwann noch schreiben müssen, aber dabei werde ich mich wohl kurz fassen.

Roland Düringer, 5. Juli 2013

Ein kurzes Nachwort als zweites Vorwort zum vorliegenden Buch

Heute ist der 25. September 2013 und die erste Version des Manuskripts zu unserem Buch ist fertig. Krystian vom Verlag war es, also ein „MitarbeiterIn", der es in kurzer Zeit geschafft hatte, stundenlang gesprochenes, nur bedingt deutschsprachiges Wort aus Videoaufnahmen in Schriftform zu bringen. Wieder jemand, der mich sicher nicht mehr hören und sehen kann. Danke und meine Hochachtung, lieber Krystian.

Und auch meinen Respekt an dich, Clemens. Es ist dir gelungen, Ordnung und Sinn in die folgenden Seiten zu bringen und unser Gespräch lesbar und übersichtlich darzustellen. Ich weiß: Meine Gedanken springen oft schnell, ich rutsche vom Hundertsten ins Tausendste, wiederhole mich manchmal gebetsmühlenartig und schaffe es einfach nicht, das Motorrad aus philosophischen Gesprächen herauszuhalten.

Die Versuchung meinerseits war groß, das vorliegende Manuskript umfangreich zu bearbeiten, etwas hinzuzufügen, weil es mir jetzt beim Lesen noch eingefallen ist, weil es einfach noch gesagt gehört, anderes wieder wegzustreichen, weil es mir entbehrlich erscheint, manche Passagen umzuschreiben, weil man es ja viel besser hätte sagen können. Aber dann wäre es ja nicht mehr das, was es ist: ein schriftliches Dokument unserer Sommergespräche. So habe ich mich auf kleine Korrekturen beschränkt, um möglicherweise Unverständliches klarer zu machen und vom Videoband falsch Transkribiertes zu berichtigen. (Mein Zug fährt eben vom Bahnhof ab und nicht vom Bauernhof, obwohl ich – wie von Krystian sicher richtig gehört – „Baunhof" sagte.) Denn nur so kann es bleiben, was es ist. Gesprochenes Wort, ohne ein künstliches Netz. Aussagen, die im Moment aus dem Bauch kommen und nicht mehrmals durch den Kopffilter gehetzt worden sind. Und so sollten Sie es auch lesen. Stellen Sie sich vor, Sie sitzen bei uns, still wie ein Mäuschen, und hören Clemens und mir beim Reden zu – fast wie im „richtigen" Leben, bloß mit einer kleinen Einschränkung: Sie können nicht mitreden. Schade eigentlich, denn wir hätten uns sicher vieles zu sagen!

Roland Düringer, 25. September 2013

Das gute Leben

Clemens G. Arvay: William James, Begründer der modernen wissenschaftlichen Psychologie und einer der einflussreichsten Philosophen der Vereinigten Staaten von Amerika, schrieb bereits 1902: „Glücklich zu werden, glücklich zu bleiben und Glück wiederzugewinnen, ist tatsächlich für fast jeden Menschen das geheime Motiv für alles, was er tut." Welche Rolle spielen Glück und Glücklichsein in deinem eigenen Leben und Schaffen?

Roland Düringer: Ich würde es gar nicht Glück nennen, denn das bekommt dann sofort diesen Beigeschmack, als wäre jemand anderer dafür verantwortlich, zumindest manchmal, ein bisschen. Glück kann man zum Beispiel in einer bestimmten Situation *haben:* „Na, da habe ich aber Glück gehabt!" Es kann zum Beispiel Glück sein, wenn mir irgendetwas erspart bleibt. Wenn ich mit dem Motorrad fahre und nicht stürze, ist es oft Glück.

Manche erwarten auch von einem anderen Menschen, dass er sie glücklich macht. Das Unpassendste, das man jemandem sagen kann, den man liebt, ist: „Du machst mich glücklich." So hängt man ihm eine furchtbare Verantwortung um. Was geschieht, wenn dieser Mensch die Erwartungen nicht mehr erfüllt? Dann beginnt man womöglich, ihn abzulehnen, weil er plötzlich nicht mehr glücklich macht.

Ich bin nicht auf der Suche nach dem Glück, sondern – so, wie vermutlich viele Menschen – nach einem *guten Leben.* Das Schöne daran ist, dass es für jeden etwas anderes bedeutet, ein gutes Leben zu führen. Daher suchen ja auch nicht alle dasselbe. Gott sei Dank, sonst müsste man ja um das gute Leben kämpfen. *(lacht)*

Ein gutes Leben ist für mich viel mehr und umfassender als bloß Glück zu haben. Zu einem guten Leben gehört, dass man manchmal mit dem Motorrad auch stürzt. Wenn man das einigermaßen übersteht, kann man daraus sehr viel lernen, weil man dann weiß, wie es ist, zu stürzen. Ein gutes Leben ist für mich daher nicht zwingend ein stets nur glückliches Leben. Ein gutes Leben macht manchmal glücklich, dann auch wieder unglücklich, aber es ist eben *dennoch* ein gutes Leben. Stetig Unglück zu haben ist natürlich kein gutes Leben.

In diesem Punkt hat sich meine Sichtweise in den letzten Jahren sehr verändert. Die Frage „Was ist ein gutes Leben?" beantworte ich heute anders als früher. Nachdem ich mich vor mehr als 30 Jahren entschlossen hatte, den Beruf zu ergreifen, den ich heute noch ausübe, war für mich ganz klar, was ein gutes Leben ist: Gut zu leben bedeutete für mich damals, auf der Bühne erfolgreich zu sein, ein applaudierendes Publikum zu haben. Es bedeutete, von vielen Menschen gerne im TV gesehen zu werden oder dass viele Zuseher in die Kinosäle strömten, wenn es einen Film mit mir zu sehen gab. Ich glaubte, in der Presse von Journalisten gelobt zu werden, führe zu einem guten Leben, auf der Straße erkannt zu werden, freundlich begrüßt zu werden. Das waren meine Vorstellungen vom guten Leben, die relativ lange anhielten. In dieser Phase verdiente ich viel Geld – und zwar auf eine sehr einfache Art und Weise, indem ich nämlich schlichtweg das tat, was mir am meisten Spaß machte: schauspielen. Rückblickend kann ich behaupten, dass dies eher „Glück" war, dass ich also in einer glücklichen Lage war, mit der Tätigkeit Geld zu verdienen, die ich gerne ausübte und die ich auch dann fortgesetzt hätte, wenn ich dafür hätte bezahlen müssen.

Vor dieser Zeit hatte ich tatsächlich bezahlt, um meinen Beruf ausüben zu können. Ich musste nämlich zuerst einem sogenannten „Brotberuf" nachgehen, um es mir leisten zu können, auf einer Bühne zu stehen und vor einer Handvoll Zusehern das zu sagen, was zu sagen mir wichtig war. Neben dem Schauspiel fuhr ich also mit einem Lieferwagen. Das war das, was ich konnte: Auto fahren. Ich arbeitete im Lager einer Handelsfirma und lieferte 30 Stunden pro Woche kleine Elektronikbauteile aus. Abends spielte ich manchmal Theater. Am Anfang hatten wir mit unserer Kabarettgruppe „Schlabarett" im Schnitt geschätzte sieben Zuseher, an Wochenenden manchmal fünfzehn, weil wir dann acht Verwandte mit hineinzerrten. Irgendwann bemerkten wir, dass wir, wenn wir sehr sparsam lebten, vom Theaterspielen über die Runden kommen konnten. Dann wagte ich den Schritt und sagte mir selbst: „Ich höre auf zu arbeiten, ich lebe jetzt wirklich von der Kunst, oder besser gesagt von meiner künstlerischen Tätigkeit." Das war zur Mitte der Achtzigerjahre.

Dass ich diese Leidenschaft zu meinem Beruf machen konnte, war eben Glück, denn in dieser Situation sind sehr wenige Menschen. Ich glaube sogar, dass für viele durch ihren Arbeitsplatz mehr Leid als Freude entsteht.

Es ist doch wirklich eine unglaubliche Gnade, etwas zu tun, das man sehr gerne tut und worüber man sagt: „Ich will genau das, ich möchte nichts anderes, mir ist es aber völlig egal, wie viel Geld ich damit verdiene. Ich möchte gerade so viel haben, um durchzukommen und überleben zu können." Das hätte schon genügt und darin besteht ja im Grunde bereits das gute Leben. Als aber dann ganz plötzlich wirklich irrsinnig viel Geld in meine Kasse floss, weil sich immer mehr Menschen für das, was ich tat, zu interessieren begannen, war mein gutes Leben nicht mehr nur, das zu tun, was ich gerne tat, sondern noch dazu, mir alles kaufen zu können, was ich wollte. Ich fing an, mehr zu kaufen, als ich brauchte, und sogar mehr, als man wollen kann, aus dem einfachen Grund, dass ich die finanziellen Mittel dazu hatte. Irgendwann standen 30 Autos bei mir zu Hause – das geht weit übers Wollen hinaus. Vom Brauchen ganz zu schweigen.

Schon bald bemerkte ich, dass ich, nachdem ich mir irgendein neues Auto gekauft hatte – eine Corvette oder eine Dodge Viper, einen sogenannten „Traumsportwagen" – letztlich nicht mehr Freude daran hatte als viele Jahre davor, als ich mir ein Paar Turnschuhe gekauft hatte. Das war eigentlich genau das gleiche Glückserlebnis, aber der Überfluss war ein Teil meines Lebens geworden und entsprach dem, was ich damals als gutes Leben empfand. Ich konnte alles haben, was ich wollte.

Irgendwann fing der Überfluss an, mir zu wenig zu sein. Interessanterweise deshalb, weil ich bemerkt hatte, dass ich mich eigentlich sehr mit äußerlichen Dingen beschäftigte, die keine echte Befriedigung darstellten. Ich konnte all das Materielle gar nicht benutzen, weil ich keine Zeit dafür hatte. Ich war ausgelastet durch meine künstlerische Arbeit, die vielen Auftritte – bis zu sechs mal pro Woche – durch das Drehen von Filmen, aber auch durch das Kaufen von Dingen, die ich nicht nutzen konnte, weil mir ja wie gesagt die Zeit dazu fehlte.

Ich begab mich dann erneut auf die Suche. Es war nicht so, dass ich mir dachte „ab jetzt ändere ich mein Leben", sondern ich stellte mir die Frage, ob meine Vorstellungen vom guten Leben nicht vielleicht Irrtümer gewesen waren – ob es da nicht mehr gab. Inzwischen hat sich für mich herausgestellt, dass weniger mehr ist. Meine Sichtweise eines guten Lebens hat sich bis in die Gegenwart sehr verändert und sie wandelt sich noch immer. Wenn man mir heute, am 5. Juli 2013, die Frage stellt, wie man ein gutes Leben führt, antworte ich:

> *Ein gutes Leben hat man dann, wenn man an das Leben*
> *selbst wenige Ansprüche stellt – oder besser gesagt, nicht*
> *ans Leben, sondern an die eigene Lebensgeschichte. Ist es*
> *nicht schon ein Denkfehler, zu glauben, dass man ein Leben*

hat? Ist es nicht vielmehr so, dass wir ein Leben sind? Wenn man also mit wenig sehr gut auskommt, mit wenig zufrieden sein kann, seine Lebensgeschichte nicht über das Haben sondern über das Sein definiert, und daher auch wenig Ungeliebtes tun muss, um eine schöne Lebensgeschichte zu schreiben, dann ist es ein gutes Leben.

Für meine eigene Vergangenheit stimmt diese Definition nicht ganz, da ich ja für den materiellen Überfluss und die Anerkennung nicht viel Ungeliebtes tun musste, außer Zeit zu investieren. Die Leistung selbst, das Schauspielen, ist mir gewissermaßen in den Schoß gefallen. Es liegt mir ganz einfach und es fiel mir immer sehr, sehr leicht. Ich sagte niemals: „Jetzt muss ich mich da reinhängen, das muss noch besser werden. Ich muss und muss und muss …" Ich tat es einfach, weil ich es konnte. Erst vor ein paar Jahren fing ich an, über Reduktion nachzudenken: „Okay, ich spiele nicht mehr sechsmal pro Woche Theater, sondern nur mehr dreimal. Ich spiele im Sommer gar nicht mehr und drehe in den Sommermonaten keine Filme. Ich verbringe mehr Zeit für mich und mit meiner Familie." Bereits das war eine bedeutende Reduktion, da somit von meinen finanziellen Einnahmen ein großer Teil wegfiel. Ich musste zwangsläufig auch das Materielle reduzieren, das wiederum nichts anderes als Luxus war. Wenn man auf Luxus verzichtet, fällt ja nichts weg, was wirklich Einfluss auf das gute Leben hat.

Nachdem mein Weg der Reduktion ein freiwillig gewählter ist, kann man ihn auch gerne als ein Experiment bezeichnen, das ich an mir selbst durchführe.

Das Leben als Experiment

Durch die Unabhängigkeit, die mein Beruf mit sich bringt, habe ich nun das Privileg, mir Zeit nehmen zu können. Ich kann es mir also leisten, Zeit zu investieren, um mit dem Leben an sich zu experimentieren. Und ich habe in meinem Leben tatsächlich schon einige Experimente durchgeführt. Jetzt, während dieses Gesprächs, sitzen wir zum Beispiel in meinem Garten, den ich vor fünf Jahren angelegt habe und der davor einfach eine grüne Wiese war. Ich pachtete diese Fläche von einem lieben Nachbarn, um mir mein eigenes Gemüse anzubauen. Auch das war eine Art Experiment. Ich wollte wissen, wie sich das Leben *mit* einem Garten und *in* einem Garten anfühlt.

Warum ich ständig auf der Suche nach solchen Experimenten bin, ist relativ einfach erklärt: Es ist ein beachtlicher Teil meines Berufs, zu experimentieren und Erfahrungen zu machen. Auch außerkörperliche! *(lacht)*

Wenn man Schauspieler ist, schlüpft man in die Rollen anderer Personen. Dazu muss man Menschen sehr genau beobachten, ihr Verhalten studieren. Man muss aber auch sich selbst beobachten können, seine eigenen Verhaltensmuster erkennen. Erst dann kann man sich selbst ablegen, um in eine Rolle zu schlüpfen.

> *Ich muss weg sein, damit jemand anderes da sein kann*
> *– darin liegt das wirklich Spannende an dem Beruf des*
> *Schauspielers.*

Was mich schon immer fasziniert hat, ist, dass man in einer Rolle plötzlich Dinge tun kann, die man üblicherweise nicht tun, ja sogar strikt ablehnen würde. Um aber nicht nur eine Maske zu kreieren oder eine flache Karikatur einer Figur darzustellen, sondern stattdessen wirklich in dieses gespielte Wesen hineinzuschlüpfen – oder besser gesagt: dieses Wesen in sich hineinzulassen –, muss man selbst ein Stück zurücktreten.

Ein guter Schauspieler beobachtet andere nicht nur und äfft sie nach, kopiert sie, karikiert sie, sondern versteht, *weshalb* er in seiner Rolle dieses und jenes tut. Wenn man erkennt, warum eine Figur das tut, was sie tut, wenn man also begreift, was sie antreibt, dann hat man irgendwann die Fähigkeit, dieses Wesen förmlich in sich hineinzulassen.

Ich denke zum Beispiel an meine Rolle als Herr Breitfuß. Dieser war eine Figur, die ich in der TV-Serie „MA 2412" und im gleichnamigen Kinofilm spielte.

Roland Düringer als Engelbert Breitfuß in der satirischen Sitcom „MA 2412", die in den Jahren 1998 bis 2002 im Auftrag des Österreichischen Rundfunks produziert und ausgestrahlt wurde.

Die Figur des Herrn Breitfuß war sehr, sehr weit von dem entfernt, was ich selbst bin. Um den Charakter authentisch spielen zu können, musste ich diesen fiktiven Menschen dennoch verstehen und genau wissen, weshalb er sich so oder so verhielt und wie er innerlich funktionierte. Seit ich das weiß, kann ich in jeder Lebenssituation Herr Breitfuß sein. Ich muss nur den Schlüssel finden und umdrehen. Herr Breitfuß ist allerdings keine real existierende Person, die ich irgendwann im Leben traf, dieser Charakter entstand aus einer Sammlung vieler Beobachtungen an unterschiedlichen Menschen. Hat man den Schlüssel zur Figur gefunden, muss man sie ausprobieren, am besten im Alltag. Dann gehe ich einkaufen wie Herr Breitfuß. Ich kaufe Dinge, die ich selbst nicht kaufen würde. Was isst Herr Breitfuß? Was schmeckt ihm? Welche Zeitung liest er? Welche Autos sieht er sich auf der Straße an? Worauf legt er seinen Fokus, wenn er die Straße entlanggeht? Ihm fallen bestimmt andere Dinge auf als mir. Wenn *ich* über die Straße gehe und dort steht irgendwo ein Motorrad, dann sehe ich mir dieses Motorrad an. *Er* geht wahrscheinlich an dem Motorrad vorbei, weil es für ihn gar nicht wahrnehmbar ist.

Das Entwickeln einer Rolle ist also ein Experiment, das man innerhalb des eigenen Lebens durchführt. Man verändert sich ganz bewusst und geht eine Zeit lang als dieses Wesen durch die Welt. Man kann es jederzeit ab- und dann wieder einschalten. Abschalten, einschalten. Das ist mein Beruf. Ich experimentiere mit dem, was das Leben ausmacht, mit verschiedenen Verhaltensweisen.

Irgendwann dachte ich mir: „Das kann ich doch genauso gut mit mir selbst machen." Wenn ich die Fähigkeit besitze, jemand anderen zu erkennen, mich in ihn hineinzuversetzen und seine Verhaltensmuster zu übernehmen, dann kann ich auch meine eigenen Verhaltensmuster ändern, weil ich ja weiß, wie das geht. Ich muss bloß den Schlüssel dazu finden. Ich bin felsenfest davon überzeugt, dass wir zwar schon mit einer gewissen inneren Programmierung auf die Welt kommen – das kann man jetzt den „Dämon" nennen, der in uns wohnt, die Seele, den Geist oder das Göttliche, wenn man so will. Ich bin mir aber auch sicher, dass vieles erst durch äußere Einflüsse im Laufe unseres Lebens mit uns geschieht. Das

kleine göttliche Lebewesen, das Kind, erkennt sich zunächst nur durch die anderen, also durch Mama und Papa. Erst durch andere erfährt es, was es eigentlich selbst ist, nämlich kein kleiner Gott, sondern vielleicht nur Kevin. *(lacht)*
Ich glaube daher, dass, wenn ich äußere Rahmenbedingungen verändere, sich zwangsweise mein Verhalten und vielleicht sogar mein Seelenleben verändern. Bei mir war das im Zusammenhang mit dem Garten sogar sehr deutlich der Fall. Frage mich nicht, wie ich auf die Idee eines Gartens gekommen bin. Ich war damals so weit weg von einem Garten wie die meisten Menschen vom Dirigieren eines Symphonieorchesters. Ich hatte keinen Bezug zum Garten, bis ich mir einfach dachte: „Garten? Damit habe ich in meinem Leben noch nie experimentiert." Im Falle eines Gartens macht man das natürlich, indem man sich einen anlegt und einfach geradewegs mit dem Gärtnern anfängt. Und das habe ich getan.
Ein Garten ist wie ein lebender Organismus. Mit Gärten zu experimentieren ist vergleichbar mit dem Beobachten von Menschen. In beiden Fällen wollte ich verstehen, wie sie funktionieren. So war also auch mein Garten für mich ein Experiment und er hat einiges in meinem Leben in Bewegung gesetzt.

Leben ist Wandel

Meine Beziehung zur Natur und zum Lebendigen hat sich durchs Gärtnern verändert und mein Verhältnis zur Nahrung wurde regelrecht auf den Kopf gestellt. Auch meine Beziehung zu Menschen wurde durch den Garten bereichert, weil ich plötzlich andere Leute traf und zu schätzen lernte, die mit mir einen gemeinsamen Nenner hatten. Davor hatte ich sehr viel Kontakt mit Menschen, die von sich behaupteten, sie hätten Benzin im Blut. Etwas Dümmeres kann man nicht sagen. Sie hatten wohl eher einen Benzinwurm im Hirn, wie auch ich ihn habe – noch immer. Mein Interesse an Motoren und Maschinen ist ja nicht verschwunden, es ist nur hinter andere Lebensbereiche zurückgetreten.

Plötzlich traf ich aber Menschen, die „einen Garten im Blut" hatten. Und den haben wir – so meine ich – alle in unseren Adern fließen, schon deshalb, weil es ja die Gärten sind, die uns letztendlich nähren. Das war eine schöne Erfahrung, ein bereicherndes Experiment, weil ich durch den Garten nach und nach zwar kein anderes, aber ein *verändertes* Leben führte. Eine Veränderung im Leben kann jeder Mensch herbeiführen, bloß versuchen es so manche auf viel aufwendigeren Wegen, nämlich zum Beispiel durch einen Ortswechsel. Das bedeutet: „Ich flüchte vor meinem Leben, ich ziehe in eine andere Stadt, in ein anderes Land, wechsle von der Stadt aufs Land, verlasse meine Familie, suche eine neue Familie, suche ein anderes Leben."

Als viel schöner empfinde ich es, wenn das Leben bleibt, wie es ist, und man ganz bewusst die Dinge verändert, die man gerne verändern möchte. Ich habe das durch das Anlegen eines Gartens erreicht. Sicher, es hätte auch anders kommen können, und das Gärtnern hätte mir nach einem halben Jahr furchtbar auf die Nerven gehen können. Ich hätte zu dem Schluss kommen können, dass ich zum Beispiel zu ungeduldig für einen Garten bin, weil ich gewohnt war, mechanisch zu denken und zu agieren. Baue ich einen Motor zusammen, so „wächst" er vor mir genau so, wie ich ihn zusammenschraube. Aber so läuft das beim Gärtnern eben nicht.

Würde ich mit der Herangehensweise des Mechanikers meinen Garten bewirtschaften, so würde das nicht klappen. „Ich setze meine Tomatenpflanze jetzt ein und punktgenau am Tag X muss dann die erste Frucht reif sein." Würde ich es nicht ertragen, wenn es nicht genau so kommt, wie ich es berechnet habe, dann würde ich mit meinem Garten furchtbar unglücklich werden. Wenn man sich aber auf den Garten und die Pflanzen einlässt, kann man sehr viel daraus lernen. Denn: „Es ist nicht entscheidend, was Sie aus Ihrem Garten machen, sondern entscheidend ist, was Ihr Garten aus Ihnen macht." Dieser Satz war in der TV-Serie „Der Wilde Gärtner" in jeder Episode unser Schlusssatz.

Nachdem der Garten nun Teil meiner Lebensgeschichte war, dachte ich bei mir: „Das war ein so schönes Erlebnis, eine so gute Erfahrung für mich, die möchte ich anderen Menschen weitergeben." Vielleicht gibt es da draußen viele Menschen, die sich nicht vorstellen können, dass ein Garten irgendetwas kann, sondern Gärten eher mit Spießertum, mit Schrebergärten, mit „alten Leuten" in Verbindung bringen oder einfach meinen, Gärtnern sei konservativ und keiner würde das heute mehr brauchen. Ich wollte diesen Menschen zeigen, dass ein Garten eigentlich viel mehr zu bieten hat. So entstand die TV-Serie „Der Wilde Gärtner". Zu dieser Zeit war mein Garten für mich bereits Normalität, also kein Experiment mehr. Irgendwann muss ein Experiment schließlich aufhören, ein Experiment zu sein. Entweder, indem man es beendet und sagt: „Okay, ich habe mir das angesehen, jetzt lasse ich es bleiben", oder aber das Experiment wird zu einem Teil des eigenen Lebens.

Foto: edition a

Für Roland Düringer ist der Garten ein Teil seines Lebens geworden.

Das Leben in meinem Garten wurde zu meinem Leben und es lebt sich gut darin – auch wenn man sich manchmal ärgert oder wenn man unglücklich ist. Dieses Jahr, 2013, erlebe ich eine Saison, in der ich mit dem Garten eigentlich unglücklich bin, weil ich mich in diesem jahr erstmals wirklich außerordentlich bemüht habe, weit mehr als sonst – das ist wahrscheinlich der Fehler, weil ich dadurch Erwartungen hatte – und jetzt spielt das Wetter nicht mit[2]. So bemüht wie in diesem Jahr war ich um meinen Garten zum letzten mal im ersten Jahr, in dem ich mit dem Gärtnern anfing. Zu Hause, auf der Fensterbank, steckte ich Samen in die Erde, um die Jungpflanzen selbst großzuziehen. Ich legte ein Gartentagebuch an, in dem ich dokumentierte, wann ich welche Pflanzen einsetzte. Ich engagierte mich dieses Jahr wirklich sehr in meinem Garten.

Im Frühjahr gingen dann einige Pflanzen aufgrund der plötzlichen Kälte zugrunde – als dieser starke Regen kam und in den Tälern entlang von Flussläufen Überschwemmungen brachte. Durch das nasse Wetter vermehrten sich die Nacktschnecken und diese fressen mir gerade so ziemlich alles aus meinem Garten weg. Von meinen Kürbispflanzen ist fast nichts mehr übrig, ich habe aber noch ein paar in Reserve, die ich einpflanzen werde. Für einen Berufsgärtner wäre das alles ein Misserfolg. Ich ging in letzter Zeit, als es so oft regnete, beinahe jede Nacht zweimal mit einer Stirnlampe durch den Garten, um Schnecken aus meinen Beeten aufzusammeln. Das macht unglücklich, erscheint mir sinnlos, denn am nächsten Tag sind ohnehin wieder Schnecken da. Dennoch ist dieses „Unglück" Teil eines guten Lebens.

Ich sehe den Sinn meiner Berufung darin, über Dinge zu sprechen, die mich gerade selbst bewegen und die ich durchs Tun verinnerlicht habe. So werden die Worte glaubwürdig und die Geschichten werden in Form von Bildern im Kopf nachlebbar.

---

2   Stand: 5. Juli 2013. „Vielleicht wird's noch besser."

Am besten spricht man über Autos, wenn man sich mit Autos auskennt, redet über das Häuserbauen, wenn man die Baumaterialien kennt und weiß, wie man es macht – wenn man die Höhen und Tiefen des Hausbaus selbst erlebt hat. Das ist, so glaube ich, das Allerwichtigste, wenn man etwas zu sagen hat, und ich bin – zum Glück – ein Mensch, der immer etwas zu sagen hatte, auch schon in der Schule. Ich meine damit nicht, dass ich *das Sagen* hatte. Etwas zu sagen zu haben bedeutet auch, etwas zu fragen zu haben. Ich sprach zwar nicht viel, nicht pausenlos, wenn ich aber den Mund aufmachte, war es mir wichtig. Ich hielt zum Beispiel im Deutschunterricht sehr gerne Referate, was andere Schüler gar nicht gerne taten. Das war auch der Grund, weshalb ich auf die Bühne ging: Weil ich etwas zu sagen hatte, was ich mir von der Seele reden wollte; weil ich Menschen beobachtete und mich fragte: „Warum funktionieren sie so oder so?" Mir kamen viele Verhaltensmuster von Menschen schon immer ein wenig seltsam vor. Oft verstand ich das Verhalten nicht oder sah überhaupt keinen Sinn dahinter, außer dass es der Anpassung an die Erwartungen der Gesellschaft diente. Auf der Bühne darüber zu sprechen war mir ein Anliegen und ich wollte Menschen, die ich nicht verstand, spielen, um denen, die im Publikum saßen, eine Art Spiegel vorzuhalten.

Jetzt fängt es zu regnen an. Der Regen vertreibt uns aus dem Garten und wir müssen hineingehen. Das ist ein „Unglück": Wir sitzen draußen, die Sonne scheint, und plötzlich regnet es.

Clemens G. Arvay: Wir müssen uns anpassen.

Roland Düringer: Stimmt. Wir müssen uns anpassen und gehen besser hinein, ins Trockene. Deine Kameras werden es uns danken.

Vom Glücklichsein

Dinge, die mich selbst bewegen, zu einem Lebensthema geworden sind, fließen immer in meine Arbeit ein. Daraus entwickelte sich auch das Projekt „Gültige Stimme". Darin übe ich mich in der Kunst des Weglassens und sage dem Schlaraffenland Schritt für Schritt Lebewohl. In diesem aktuellen Experiment geht es mir darum, zu reduzieren, Dinge wegzulassen und neue Werkzeuge zu verwenden. Ich bin damit dem guten Leben auf der Spur. Oder besser: *meinem* guten Leben. Für andere wäre dieser Weg wohl alles andere als der Schlüssel zum guten Leben und würde sie nicht glücklich machen.

Clemens G. Arvay: Trotz der Unterschiede von Mensch zu Mensch gibt es die Statistik, auf die die moderne Psychologie aufbaut: Ein positives Lebensgefühl – *glücklich zu sein* – hat offensichtlich auch gesellschaftliches Potenzial, da es nachweislich dazu führt, dass Menschen eher etwas für andere tun, und zwar gerne. Die Solidarität in der Gesellschaft erhöht sich unter diesen Umständen, was der bekannte Psychologe Peter Salovey als das Phänomen „Fühl dich gut und du tust etwas Gutes" bezeichnet hat. Glaubst du, dass eine Gesellschaft, in der die Menschen positive Lebensgefühle haben, also ein gutes Leben führen, auch tatsächlich eine solidarischere Gesellschaft wäre?

Roland Düringer: Ja, ich glaube tatsächlich, dass eine Gesellschaft von Menschen mit positiven Lebensgefühlen auch solidarischer wäre, wobei man meines Erachtens zwei Dinge grundsätzlich unterscheiden muss: „glücklich sein" und „sich glücklich fühlen". Aus diesem Grund spreche ich viel lieber vom guten Leben.

Man kann sich, auch wenn man gerade nicht glücklich ist, dazu zwingen, sich glücklich zu fühlen. Das nennt man dann „positives Denken". Ich glaube, dass viele Menschen ein unglückliches Leben führen und sich dennoch glücklich dabei fühlen können. Das unglückliche Leben wird sich erst im Alter als das entpuppen, was es war, wenn die Krankheiten kommen, die Unzufriedenheit, die Fragen: „Hätte ich doch damals, wäre ich doch ... Wenn ich das gewusst hätte!" Ein ganz und gar unglückliches Leben endet wohl mit dem Gedanken: „Um Gottes Willen, was hätte ich alles anders machen können!" Das muss furchtbar sein, obwohl sich ein solcher Mensch in vielen Phasen seines Lebens vielleicht glücklich gefühlt hat.

Wenn jemand zum Beispiel schlechte Nahrung zu sich nimmt, ständig Fast Food oder industrielle Nahrungsmittel isst, dann fühlt er sich in dem Moment des Bestellens, des Kaufens oder des Essens glücklich. Ansonsten würden die Menschen es ja nicht so machen. Gerade bei Zucker, in welcher Form auch immer, ist das sehr gut sichtbar. Süß macht glücklich. Das vermeintliche Glück entpuppt sich dann später als großes Unglück, schon aus gesundheitlichen Gründen. Daher: Sich glücklich zu fühlen und wirklich glücklich zu sein – nämlich auf einem guten Fundament langfristig glücklich zu sein – sind zwei gänzlich verschiedene Phänomene. Ich glaube, dass viele Menschen in einer Lebenssituation stecken, in der sie latent unglücklich sind. Die Realität des persönlichen Unglücks wird immer wieder durch Glücklichfühl-Spitzen überspielt: „Ach, jetzt, indem ich dieses oder jenes erreicht habe, fühle ich mich endlich wieder glücklich." Dann falle ich wieder in ein Loch und: „Ach, jetzt muss ich wieder etwas tun, damit ich mich wieder glücklich fühle." Darum sind wir immer auf der Suche nach mehr, vermutlich, nach mehr Erlebnissen, nach mehr Anerkennung, mehr materiellen Dingen, was auch immer. Dabei geht es darum, immer wieder das Fundament des Leidens zu verlassen und ein Glücksgefühl in diesem Leiden zu erleben. Wir leben in einer Zeit, in der das sehr leicht möglich ist, weil man sich Glück scheinbar kaufen kann. Wenn ich überzeugt davon bin, dass mich dieses Fernsehgerät oder jenes Auto glücklich machen wird, dann kaufe ich es mir einfach. Ich kann es mir sogar kaufen, wenn ich es mir eigentlich nicht leisten kann, weil es mir ja jemand finanziert, nämlich meine Bank.

Clemens G. Arvay: Interessanterweise stellte man fest, dass diese Art des Glückserlebens – eben zum Beispiel viel Geld zu gewinnen oder sich ein Objekt zu kaufen, ein neues Auto – zwar tatsächlich zunächst zu einem Glücksgefühl führen kann, aber man konnte auch nachweisen, dass solche Gefühle sehr schnell wieder abnehmen. Danach landet man unter Umständen wieder unter dem Glücksniveau, auf dem man davor war, im besten Falle auf demselben.

Und je mehr man diese gekauften Glückserlebnisse – diese materiellen – braucht, desto weniger effektiv werden sie mit der Zeit.

Roland Düringer: „Ein Schritt nach vorne, zwei Schritte zurück", lautet dieses Prinzip. Da ich seit einem halben Jahr fast ausschließlich mit öffentlichen Verkehrsmitteln unterwegs bin, also den „Bürgerkäfig" verlassen habe und mit der Bahn fahre oder mit der Straßenbahn, mit der U-Bahn und zu Fuß gehe, sehe ich viel mehr Menschen als zuvor und habe deutlich mehr Begegnungen. Was mir dabei auffällt, ist – ich weiß nicht, ob das jetzt neu ist oder ob das schon immer so war –, dass sehr viele Menschen gerade zu den Hauptverkehrszeiten, am Weg von oder zur Arbeit, in der U-Bahn stehen und die Mundwinkel hängen bis zu den Fersen. Diese Menschen werden natürlich ihre Gründe dafür haben, ihre Mundwinkel nach unten hängen zu lassen, aber es fällt mir eben auf. Ich glaube, dass ich stets mit einem Grinsen durchs Leben gehe, auch in der U-Bahn, obwohl es ja dort bekanntlich nicht immer lustig ist, aber bisweilen lustiger, als alleine im Bürgerkäfig im Stau zu sitzen.

Wahrscheinlich aber stecken immer mehr Menschen in Lebenssituationen, in denen das Lachen schwerfällt und so sind wir auf der ständigen Suche nach dem Lachen, der Freude, dem temporären Glücksgefühl. Man möchte sich ja nach einem Arbeitstag auch zu Hause über etwas freuen können. Das kann etwas zu essen sein, vielleicht auch Alkohol, ein unterhaltsames Fernsehprogramm. Manche schauen sich womöglich einen Porno im Internet an. Oder sie haben im besten Fall Sex mit dem Ehepartner. Man sucht sich einfach irgendetwas, um wieder ein bisschen Glück zu empfinden, weil man eines ganz genau weiß: Wenn am nächsten Morgen der Wecker klingelt, beginnt das Unglück wieder. „Blah, blah, blah", schon in der Früh quatscht dich jemand aus dem Radio an und versucht verzweifelt, Stimmung zu machen. Spätestens bei den aktuellen Staumeldungen ist die Stimmung aber wieder im Keller.

Ich weiß, wovon ich spreche. Ich stecke zwar schon lange nicht mehr in einer solchen Arbeitswelt, aber ich war auch einmal dort und die Erinnerung an diese Zeit ist klar und deutlich. Schon während der Anfahrt zur Arbeit haben viele ihren Masterplan im Kopf: Du fängst um neun Uhr an und weißt schon, dass um viertel nach zehn die erste Kaffee- oder Rauchpause stattfindet. Das ist dann der erste Joker, um sich wieder ein bisschen glücklich zu fühlen. Dann gibt es um elf Uhr ein Stück Schokolade – wieder um ein wenig Glück zu erfahren. Danach geht es zum Mittagessen – das nächste Glückserlebnis. Zurück zur Arbeit und um halb zwei auf die Toilette gehen, am besten mit einer Zeitung, um ein wenig zu lesen, damit wieder ein bisschen Ablenkung und Glück aufkommt.

Man sucht sich eben diese Ausreißer aus dem monotonen Arbeitsalltag und dem damit verbundenen Gefühl des Unglücks. Das trifft bestimmt nicht auf alle Menschen zu, allerdings habe ich sehr wohl das Gefühl, wenn ich Menschen beobachte, dass viele von ihnen wie in einem Kokon eingesponnen sind. Darin verstecken sie sich, vielleicht auch hinter dem iPhone oder einem sonstigen elektronischen Gerät. Sie verschließen sich, sie wollen das Rundherum eigentlich gar nicht wahrnehmen. Dabei gäbe es in einer U-Bahn so viel zu beobachten!

In der U-Bahn hätte man auch die Möglichkeit, zu kommunizieren. Aber stell dir vor, das machst du. Stell dir vor, du sprichst in der U-Bahn jemanden an. Und wenn das dann noch dazu jemand tut, der so aussieht wie ich, mit Kugeln im Bart ... Okay, ich bin diesbezüglich ein Sonderfall, denn mich kennen viele Menschen in Österreich. Wenn ich jemanden anspreche, dann zeigt das eine andere Wirkung auf die Menschen, als würde sie irgendjemand anderer anquatschen, der, so wie ich, Kugeln im Bart trägt.

Es ist meistens so, dass die Leute *mich* ansprechen, was mir nicht unangenehm ist. Ich unterhalte mich gerne mit ihnen, weil jede Begegnung mit einem Menschen eine Erfahrung ist, die mich weiterbringt oder aus der ich etwas lernen kann. Selbst dann, wenn eine Begegnung unangenehm ist und man sich vielleicht denkt „das ist ja ein schöner Volltrottel, hilfe", handelt es sich um eine Erfahrung. Wenn man sich in der U-Bahn aber hinter ein elektronisches Gerät oder eine Gratiszeitung schutzsuchend verschanzt, schließt man damit Begegnungen, Beobachtungen und somit die Welt, wie sie ist, aus.

Clemens G. Arvay: Ich zitiere noch einmal die psychologische Glücksforschung: Glückliche Menschen zeichnen sich statistisch durch Folgendes aus: Sie haben ein ausgeprägtes Selbstwertgefühl, sie sind optimistisch, sie gehen aus sich heraus und sind auch zu ihren Mitmenschen liebenswürdig, sie haben enge Freundschaften oder sie sind glücklich verheiratet. Sie gehen Tätigkeiten nach, bei denen sie ihre Fähigkeiten einsetzen können, zum Beispiel in der Arbeit, aber auch in der Freizeit. Sie sehen in dem, was sie tun, Sinn oder haben eine sinnstiftende Weltanschauung, sie schlafen ausreichend und betreiben Sport. Das sind, statistisch betrachtet, die Faktoren, die mit dem Glücklichsein zusammenhängen, mit einem positiven Lebensgefühl[3].

Roland Düringer: Okay, glückliche Menschen haben also die genannten Eigenschaften, so sagen die Wissenschaftler, also diejenigen, die Wissen schaffen. Nun sollte man fragen: Was war zuerst? Sind sie glückliche Menschen und deswegen haben sie diese Eigenschaften oder haben sie die Eigenschaften und sind deswegen glücklich? Was war zuerst, die Henne oder das Ei? Das ist die Frage.

Clemens G. Arvay: Das ist eine sehr gute Frage. Was die Psychologie jedenfalls ganz klar sagen kann, ist, womit das Glücklichsein und das positive Lebensgefühl *nicht* zusammenhängen: Es ist definitiv nicht das Alter, es ist nicht das Geschlecht und es ist nicht der Bildungsgrad.

Das Glück hängt auch nicht davon ab, ob man Kinder hat oder nicht. Es ist nicht die körperliche Attraktivität und es ist vor allem nicht der materielle Wohlstand[4]. Sicher, das sagt schon der menschliche Hausverstand. Aber immerhin lässt sich auch das nun wissenschaftlich beweisen. Es sind eben doch andere Werte, die glücklich machen, als das Materielle.

Ein weltbekannter Psychologieprofessor aus den USA, David G. Myers, hat zehn Ratschläge niedergeschrieben, die bei Befolgung angeblich glücklich machen. Einer davon lautet: „Machen Sie sich klar, dass anhaltendes Glück nicht vom finanziellen Wohlstand abhängt, behalten Sie die Entscheidungsfreiheit über Ihre Zeit."

Andere Punkte sind:

„Suchen Sie sich eine Arbeit und Hobbys, bei denen Sie Ihre Fähigkeiten einsetzen können. Geben Sie engen Beziehungen den

---

3   Myers, David G., Psychologie, S. 583, Springer Medizin Verlag, Heidelberg, 2008.
4   ebenda

33

Vorrang. Blicken Sie über sich hinaus, zum Beispiel, indem Sie auch für andere etwas tun. Seien Sie dankbar für die positiven Aspekte in Ihrem Leben und pflegen Sie Ihr spirituelles Selbst", also den Geist. Dies sind die Empfehlungen eines international anerkannten Psychologen. Vieles davon deckt sich mit deinen eigenen Aussagen, vor allem beim Thema Zeit, also: „Behalten Sie die Entscheidungsfreiheit über Ihre Zeit. Suchen Sie sich eine Arbeit und Hobbys, bei denen Sie Ihre Fähigkeiten einsetzen können."

Roland Düringer: Das meiste davon kann ich aus eigener Erfahrung bestätigen. Aber: Wenn die Rahmenbedingungen, in denen wir uns befinden, uns die Umsetzung erschweren, was machen wir dann? Wenn wir nicht das tun können, was wir gerne tun, nicht die Arbeit haben, die uns zufrieden stellt, sondern einfach irgendeine, um das Leben zu finanzieren. Daher – und weil es auch in der Liste dieses Psychologen steht – ist es gerade für Menschen, die in so einer glücklichen Lebenssituation sind, wie ich oder du, ganz wichtig, dass man oft „danke" sagt, ganz egal, zu wem. Es ist nicht selbstverständlich. Und, dass man dann, wenn man in einer so glücklichen Lebenssituation ist, auch die Verpflichtung hat, von seinem Glück etwas abzugeben, es zu teilen, in welcher Form auch immer. Es ist oft viel schöner, etwas zu geben, als etwas zu nehmen. Das ist eine alte Weisheit. Wenn man die Möglichkeit hat, etwas zu geben und jemandem wirklich Freude zu machen, auf sinnvolle Art und Weise, dann ist das ein großartiges Gefühl. Ich habe das am eigenen Leib erfahren.

Vor ein paar Jahren versteigerte ich einen Großteil meiner Autosammlung für einen jungen Mann namens Gerhard. Er sitzt nach einem Unfall im Rollstuhl. Ich erinnere mich gut daran, als Gerhard mich einmal nach einer meiner Vorstellungen ansprach. Er erklärte mir, dass er einen speziellen, behindertengerechten Wagen benötigte und sein Plan war, von mehreren Prominenten Objekte zu sammeln, um diese zu versteigern. Er fragte mich, ob ich ihm irgendetwas dafür überlassen könnte.

Ich antwortete ihm: „Ja, ich kann dir natürlich etwas geben, aber hast du schon einmal darüber nachgedacht, wie viele Objekte du brauchst, um dir ein solches Auto zu kaufen?" Ich wusste, wie viel das kostete, denn mein Schwager ist in einer ähnlichen Situation und besitzt so ein Auto. Es verschlingt ein Vermögen.

Ich hielt Gerhards Wunsch im Hinterkopf: „Kommt Zeit, kommt Rat." Als ich etwa ein halbes Jahr später in meiner Halle stand und mir meine Autos ansah, schwirrte ein Gedanke durch meinen Kopf: „Eigentlich hätte ich lieber eine leere Halle."

Ich rief Gerhard an: „Wir verkaufen meine Autos und du kannst dir für den Erlös zumindest einen Teil deines Wagens finanzieren." So taten wir es dann. Für mich war es relativ einfach, die Aktion medial anzukündigen, gemeinsam mit der Motorzeitschrift „Autorevue", dessen Chefredakteur ich kenne. Wir versteigerten in kürzester Zeit 13 Autos und es kam bei weitem mehr Geld für Gerhard zusammen, als ich zu träumen gewagt hatte. Er konnte sich sein Automobil damit vollständig finanzieren. Die Aktion war ein dreifacher Nutzen: Erstens bekam Gerhard sein Auto, das er dringend brauchte. Ich war unnötige Last los und die Menschen, die die Autos kauften, hatten – vielleicht nur kurzzeitig, aber doch – Freude daran.

Clemens G. Arvay: In unserer Gesellschaft ist es doch ungewöhnlich, dass jemand 13 Autos …

Roland Düringer: Ja, es ist ungewöhnlich, aber es gibt Menschen, die haben noch viel mehr Autos.

Clemens G. Arvay: Das meine ich nicht. Ich wollte sagen: In unserer Gesellschaft ist es doch ungewöhnlich, dass jemand 13 Autos für jemand anderen hergibt.

Roland Düringer: Nun ja, mich von diesen Autos zu trennen war etwa so, wie für andere, ein paar Fahrräder abzutreten. Ich verdiente damals wie gesagt mein Geld sehr leicht. Es war keine so besondere Leistung. In der Summe war es zwar ein schöner Betrag, der auch sinnvoll verwendet wurde, aber es war von meiner Seite aus nichts, worauf ich stolz sein musste. Ich hätte meine Autos auch einfach verkaufen können, hätte den Erlös behalten und mir vielleicht neues Industriegerümpel gekauft. Oder ich hätte das Geld auf die Bank gebracht, damit es im großen Weltcasino zirkuliert. Das Gefühl, Gerhard mit der Versteigerung eine Freude zu bereiten und damit etwas Sinnvolles zu tun, war deutlich besser.

Sinn im Leben

Clemens G. Arvay: Wir haben als Einzelpersonen eben beschränkte Möglichkeiten, wir können nicht die ganze Welt retten.

Roland Düringer: Das ist der springende Punkt: Viele glauben, sie müssten die Welt retten und schmieden gute Pläne, wie das gehen könnte. Sie haben Konzepte und Ideen dafür, gründen Vereine, vielleicht auch Parteien, Bewegungen. Ich aber glaube, dass kein Mensch auf die Welt kommt, um diese zu „retten". Manche glauben natürlich auch, wir kämen auf die Welt, um uns selbst zu retten, um unsere Seele, unseren Geist zu retten. Wenn ich in meinem kleinen Umfeld einiges bewegen kann, wenn ich Sinn stiften kann in verschiedenen Bereichen, dann habe ich eigentlich die Welt gerettet. Denn was ist schon die Welt? Angeblich wissen wir das heutzutage:

Seit jemand von oben ein Foto von unserem Planeten Erde gemacht hat, sehen wir zum Beispiel, dass die Erde rund ist, dass sie annähernd eine Kugel ist. Jeder von uns kann heutzutage in einem elektronischen Gerät nachsehen, was auf der anderen Seite der Erde passiert, wie es dort aussieht, das ist alles kein Problem mehr. Unsere Welt ist für uns also gleichbedeutend mit dem Planeten Erde, geht aber, wie mittlerweile ja bekannt, weit darüber hinaus. Immerhin waren ja schon Menschen auf dem Mond und wollen bis zum Mars und noch weiter. Wir wissen, dass es andere, fremde Galaxien gibt. Das sind für uns noch relativ neue Dinge. Die Lebenswirklichkeit des Menschen war aber schon immer seine eigene Umgebung. Wie weit ist man früher zu Fuß gekommen? Der Ort, in dem ich wohne, ist von Wien vielleicht 40 Kilometer entfernt. Der inzwischen verstorbene Opa meines Nachbarn und die Oma, die noch lebt, waren dennoch nicht öfter in Wien, als ihre Hände Finger zählen.

Ich bin mir sicher, dass ich hier in der Umgebung Menschen finde, die noch nie in Wien waren, weil es in ihrem Leben nicht notwendig war, dort zu sein. Das heißt, ihre Welt ist eigentlich die kleine Region, in der wir hier leben, und das war früher völlig normal. Du warst vielleicht in einem Tal aufgewachsen, wusstest, dass es hinter den Bergen weiterging, es war für dich aber nicht wirklich relevant. Sicher gab es immer Menschen, die über die Berge wanderten und etwas suchten, die weiter gingen als andere. Das sind die, über die uns die Geschichtsschreibung berichtet. Aber für einen durchschnittlichen Menschen hörte die Welt dort auf, wo eigentlich die Grenzen seines persönlichen Lebensumfeldes waren, die Grenzen seiner Erreichbarkeit. Und daran ist nichts Schlechtes.

Was die Welt ist, die wir retten wollen, ist also relativ.

Clemens G. Arvay: Es gibt offensichtlich seit dem Übergang der 1970er-Jahre in die 1980er-Jahre einen drastischen gesellschaftlichen Wandel, nämlich was die Lebenswerte betrifft. Zwischen 1966 und 2002 gab es in den USA eine mehrere Jahrzehnte andauernde Umfrage unter Studentinnen und Studenten, um herauszufinden, was ihnen im Leben wichtig war, was sie also als wesentlich für das eigene Leben beurteilten. Wenn man sich das Ergebnis dieser Umfrage ansieht, stellt man deutliche Veränderungen im Laufe der Zeit fest. Am Beginn der Studie war es für die meisten, nämlich für mehr als 80 Prozent, besonders wichtig, eine bedeutungsvolle Lebensphilosophie zu entwickeln. Für den geringeren Teil war es entscheidend, finanziell sehr gut aufgestellt zu sein und viel Geld zu verdienen. Dann begannen sich diese Einstellungen allmählich zu verändern. Im Jahre 1977 hielten sich die Angaben exakt die Waage: Viel Geld zu verdienen und die bedeutende Lebensphilosophie waren den Befragten in etwa gleich wichtig. Bis zur Mitte der Neunzigerjahre drehte sich das ursprüngliche Verhältnis dann um. Seither – und die Studie wurde bis 2002 fortgesetzt – spielt der finanzielle Status für den größten Teil der Studenten, nämlich für etwa 75 Prozent, die herausragende Rolle und nur mehr circa 40 Prozent gaben an, dass ihnen eine bedeutende Lebensphilosophie ein Anliegen sei[5].

Meiner Meinung nach sagt das sehr viel aus und ich wundere mich eigentlich, wenn ich mir diese Entwicklung ansehe, nicht mehr darüber, dass die Lebensphilosophie, das „gute Leben", gesellschaftlich betrachtet spürbar in den Hintergrund getreten ist. Diese Ausrichtung von immer mehr Menschen auf materiellen Erfolg ist in unserer Welt stark präsent.

Roland Düringer: Diese Tendenz habe ich auch beobachtet. Ich selbst bin ja im Jahr 1963 geboren und daher ein Kind der Zeit, in der sich die Werte laut dieser Statistik in den Siebzigerjahren völlig umgedreht haben. Ab da ging es mit dem Wunsch, finanziell

---

5   Myers, David G., Psychologie, S. 578, Springer Medizin Verlag, Heidelberg, 2008.

besser aufgestellt zu sein, stark bergauf. Das Entscheidende war, dass man einmal materiell besser dastehen wollte, das hörte ich auch von meinen Eltern immer wieder: „Du sollst es einmal besser haben als wir." Mit „besser haben" war immer gemeint, mehr zu besitzen, weil wir „mehr" und „besser" sehr leicht miteinander verwechseln. Natürlich hat meine Generation jetzt mehr: Mehr Stress, mehr Schulden, mehr seelisches Leid, mehr Nahrungsmittelunverträglichkeiten, mehr chronische Krankheiten und natürlich viel mehr Entscheidungsmöglichkeiten. Zu viele Entscheidungsmöglichkeiten, die unsere Köpfe so richtig rauchen lassen.

Wir wissen, dass drei mehr als zwei ist, was auch völlig korrekt ist. Falsch wird die Rechnung erst, wenn man glaubt, dass drei auch *besser* als zwei sei und genau in diesem Wahn stecken wir momentan. Diese Sichtweise relativiert sich aber rasch: Bei Ohrfeigen zum Beispiel. Bei einer wirklich „festen Fotz'n" – so würde man in Wien sagen – reicht eine einzige durchaus aus, da brauche ich nicht drei davon.

Heute lautet das Prinzip: „Mehr ist besser. Vor allem mehr *Geld* ist besser." Wir haben mehr Geld, alle, die gesamte Welt hat mehr Geld als jemals zuvor. Geht es uns deswegen wirklich besser? Die Leute schreien nach mehr Geld und sie bekommen mehr Geld, weil dieses Geld ja relativ einfach gemacht werden kann. Irgendjemand tippt Zahlen in einen Computer und dabei wird Geld „erschaffen", das es vorher nicht gegeben hat. Virtuelles Geld. Das heißt, es gibt mehr Geld, nur macht das keinen Sinn mehr. Auch, wenn ich mir für unser Geld immer weniger kaufen kann, wenn ich also stetig weniger dafür bekomme, hat es keinen Sinn, mehr von dem Geld zu besitzen, denn wenn ich mit dem Mehr einer gewissen Sache letztendlich weniger von dem bekomme, was ich wirklich brauche, um gut zu leben, dann ist das ein vollkommener Unsinn. So ist es, wie ich glaube, in sehr vielen Bereichen des Lebens passiert. Wir haben das Gefühl für das richtige Maß verloren, für den Punkt, ab dem es genug ist und wo man sagen kann: „Gut, alles, was jetzt darüber hinausgeht, ist nicht mehr sinnvoll, ist schlecht."

Bis zu einem gewissen Grad ist eine stetige Steigerung natürlich ein Gewinn. Ab einem gewissen Punkt kann sie hingegen sogar schädlich werden. In manchen Fällen ist die Steigerung zwar nicht schädlich, aber einfach nur sinnlos, zum Beispiel in einem Wirtshaus. Wenn ich dort fünf Euro eingesteckt habe, dann reicht das für ein Getränk. Wenn ich 25 Euro eingesteckt habe, reicht es für ein Getränk und etwas zu essen. Wenn ich 50 Euro dabeihabe, kann ich schon wirklich sehr, sehr gut essen und kann mir einiges leisten. Wenn ich fürs Wirtshaus 200 Euro eingesteckt habe, kann ich sogar jemanden einladen. Wenn ich aber 5000 Euro ins Wirtshaus mitnehme, dann ist das völlig sinnlos. Ich kann damit nicht mehr machen, dann habe ich einfach nur mehr Angst, dass mir dieses Geld jemand wegnehmen könnte. Wenn ich eine Million Euro eingesteckt habe, dann kann ich natürlich das ganze Haus samt Wirtshaus kaufen, obwohl ich ja eigentlich nur ein gutes Essen wollte.

Vorausblickend denken

In allen Bereichen des Lebens muss man die Schwelle erkennen, ab der man zu sich selbst sagt: „Das ist jetzt genug. Alles darüber kostet mich etwas und birgt sogar Gefahren." Diesen Punkt sollte man nicht übersehen. Darum mag ich das Motorradfahren, denn dabei führt das Hinausschießen über Grenzen unmittelbar zu einer Rückkopplung: Schmerzen. Ich fuhr Motocross und Endurorennen, also im Gelände, aber auch auf asphaltierten Rennstrecken. Das Motorrad hat bekanntlich zwei Räder und es fällt um, wenn man es irgendwo abstellt. Es stabilisiert sich in Bewegung durch die Kreiselkräfte, die dabei entstehen. Du bist mit deinem Motorrad ein Gesamtsystem in labilem Gleichgewicht und diese Balance gilt es auch in Kurven zu halten, obwohl die Fliehkräfte ja dagegen arbeiten. Man fährt also in eine Kurve und das einzige, das einen Sturz verhindert, ist der Grip zwischen Boden und Reifen. Je schlechter der Asphalt oder der Reifen, desto schlechter der Grip und desto eher liegst du auf der Nase, oder zumindest am Hintern. Die Reifen haben beim Motorradfahren über eine runde Auflagefläche Kontakt zur Straße. Wenn du dich so richtig in die Kurve hineinlegst, wird diese Kontaktfläche immer kleiner, bis irgendwann nur mehr eine ganz schmale Kante von zwei oder drei Millimetern aufliegt und der Rest des Reifens vom Asphalt abgelöst ist. In Schräglage entscheiden dann diese wenigen Millimeter Gummi, ob es dich vom Motorrad herunterreißt oder nicht. Da braucht man wirklich Gefühl im Hintern. Man muss wissen, wann es genug ist, wann man „runter vom Gas!" sagen muss.

Unter Motorradfahrern gibt es einen Spruch, der lautet: „Besser viel zu langsam als ein bisschen zu schnell". Wenn man das nicht einhält, kann es wehtun. Mit einem Rennauto ist das nicht mehr so, da bist du ja nicht Teil eines Gleichgewichtssystems, sondern nur die Steuereinheit. Beim Fahren tut sich dann deutlich weniger und Fehler führen zu geringeren negativen Rückkopplungen. Schlitterst du mit einem Auto auf einer Rennstrecke aus der Kurve, fährst du in den Sturzraum, eine Schotterfläche, und kommst vermutlich ungeschoren davon. Mit einem Motorrad tut das hingegen richtig weh und ab dem Moment, in dem du am eigenen Leib erfahren hast, dass Motorradfahren wehtun kann, verhältst du dich ganz anders. Der, der nicht dazulernt und das eigene Verhalten am

Motorrad ändert, spielt mit seinem Leben oder trägt womöglich bleibende Schäden davon.

Im Leben wollen wir – im übertragenen Sinne – diese Grenzbereiche nicht wahrnehmen. Oft können wir es auch nicht, muss man fairerweise dazu sagen. Wir spüren im Leben die unmittelbaren negativen Rückkopplungen nicht, die uns das Motorrad ohne Zeitverzögerung übermittelt. Wenn du mit dem Motorrad in eine Kurve hineinfährst, spürst du, wenn es über das Vorderrad zu rutschen anfängt. Bei vielem, das wir im Leben tun, wenn wir über das Ziel hinausschießen, bekommen wir zuerst sogar eine *positive* Rückkopplung und keine negative. Das Abreißen des Grips passiert dann nicht wie auf dem Motorrad „jetzt", sondern zeitverzögert, irgendwann später. Der Sturz, der Crash, passiert also erst in der Zukunft.

All das, was wir seit den Siebzigerjahren ansteuern – seit diese Statistik gemacht wurde, die wir uns gerade angesehen haben –, bringt uns zunächst positive Rückkopplungen: Mehr Geld, mehr Waren, immer alles sofort verfügbar haben, alle Möglichkeiten ausschöpfen, noch höher bauen, Autos noch schneller werden lassen, noch schwerer; immer mehr, mehr, mehr. Da bekommt man vielleicht sogar 50 Jahre lang lauter positive Rückkopplungen und erst spät merkt man: „Hoppla, wir haben etwas übersehen. Wir sind über das sinnvolle Maß hinausgeschossen." Die Folgen unseres Verhaltens, das wir in den letzten Jahrzehnten an den Tag gelegt haben, spüren wir ja jetzt noch nicht. Wir denken nur darüber nach, was passieren *könnte*, das ist aber eine virtuelle Geschichte. Ob beispielsweise wir beide überhaupt noch die wahren Folgen spüren werden, das wissen wir nicht. Unsere Nachfahren, die nächsten Generationen, die Kinder, die Enkel, die Urenkel, werden sie ganz bestimmt spüren. Für uns, kurzfristig gedacht, gibt es relativ wenige Gründe, unser Handeln zu verändern. Es ist so, als würden wir mit einem Motorrad fahren und fahren und fahren und dabei wissen, dass es ohnehin nicht dich aus dem Sattel reißen wird, sondern erst den nächsten, der aufsitzen wird. Genau *das* ist das Traurige an gesellschaftlichen Diskussionen, wenn es zum Beispiel um den Klimawandel und ähnliche Probleme geht. Nehmen wir als Beispiel den CO_2-Ausstoß: Wie viele Kilogramm an CO_2 ich ausstoße, kann ich nicht einmal sehen. Ich erhalte diesbezüglich keine unmittelbare Rückkopplung. Wie soll das unser Gehirn verstehen? Es begreift den Schaden nicht, den wir anrichten.

Ein anderes Beispiel: Wenn ich auf meinem Acker eine Missernte verzeichnen muss, vielleicht wegen einer Überschwemmung oder weil der Frost gekommen ist, dann stehe ich davor und sehe es: *„Jetzt* ist es passiert!" Und ich weiß: „Jetzt bin ich in einer schlimmen Situation, jetzt muss ich schauen, dass ich überlebe. Jetzt!" Momentan scheint für uns noch alles zu funktionieren. Wo gibt es Probleme mit der Umwelt? Ich blicke in meinen Garten hinaus und kann die Frage stellen: „Wo bitte läuft da in unserer Umwelt etwas falsch?"

Natürlich können wir derzeit auch nicht zu hundert Prozent sicher sein, dass alles, was Experten zum Beispiel über den Klimawandel sagen, wirklich stimmt. Wir wissen es nicht genau – auch die vielen Zukunftsforscher nicht, die sich ausrechnen, wie es im Jahr 2050 um das Klima stehen wird, und die schon jetzt voraussagen, um wie viel der Meeresspiegel steigen wird, die Gletscher abschmelzen werden, es hier Dürre, dort Überschwemmungen geben wird. Das ist nichts weiter als Kaffeesatzlesen. Keiner der Zukunftsforscher weiß, wie sich Menschen verhalten werden. Sie können nicht wissen, wie wir uns letztendlich verändern werden und ob wir nicht innerhalb von zehn Jahren vieles ganz anders machen werden. Vielleicht werden wir bis dahin vor gänzlich anderen Problemen stehen und der Klimawandel wird uns vollkommen egal sein, weil dann ganz unerwartet ein Virus auftauchen wird, oder wir dahinterkommen werden, dass irgendetwas in unsere Umwelt gelangt ist, das die Kinder so richtig krank machen wird. Eigentlich sind wir ohnehin schon fast so weit, wenn ich an all die zigfach geimpften Kinder denke, die Allergien und Nahrungsmittelunverträglichkeiten haben, während sich niemand fragt: „Warum ist das so?" Oder man will es nicht sehen, und manche wissen vielleicht sogar, warum, verdienen aber Geld mit Pharmazeutika und Impfstoffen. Wenn das so ist, dann weiß ich: Da läuft etwas komplett schief.

Ich glaube, auf der sichtbaren Ebene – damit meine ich die mit unseren Sinnen wahrnehmbare – scheint ja alles gut. Alles wächst, alles gedeiht, die Städte werden immer zahlreicher, die Siedlungen größer, Einkaufszentren entstehen. Du hast mehr und mehr Möglichkeiten, die Autos werden besser, werden sicherer und alles wird einfacher. Kommunizieren ist durch das Mobiltelefon leichter geworden, im Januar kann ich Erdbeeren kaufen, bin mit 20 Milchsorten versorgt, und so weiter. Auf dieser Ebene ist alles wunderbar, und dennoch dürfte der Mensch noch andere Sensoren haben, die uns bereits sagen, dass da irgendetwas nicht stimmt, dass da irgendetwas außer Balance ist – dass sich der Sturz schon drei Kurven zuvor ankündigt, du aber ohnmächtig bist, etwas dagegen zu unternehmen, weil es dein Betriebsmodus jetzt einfach nicht zulassen will.

Das ist, so glaube ich, auch der Grund, weshalb viele Leute nicht glücklich sind. Sie holen sich dieses kurze Gefühl des Glücklichseins immer irgendwo, wofür es ja zahlreiche Angebote gibt. Sie sind aber im Innersten unzufrieden und leiden. Das äußert sich dann meistens in körperlichen Reaktionen, Krankheiten, psychischen Störungen, Depressionen oder Burn-out ... wie auch immer man es nennt. All das muss einen Grund haben. Es muss einen

Grund haben, warum so viele nur mehr auf hundertachtzig sind und eigentlich nicht mehr belastbar.

Mir begegnen immer mehr Menschen, die sagen: „Dies muss sich ändern, jenes kann so nicht weitergehen. Das ist ja alles nur mehr Wahnsinn." Ich war neulich mit meiner Mutter bei ihrer Bank, weil sie da etwas zu erledigen hatte und mich dabeihaben wollte, um ihr zu helfen. Wir trafen ihre Bankbetreuerin, die ich persönlich nicht kannte – eine nette Dame. Wir plauderten ein wenig, dann sagte sie einiges, was ich mir von einer Bankangestellten nicht erwartet hätte: „Das gesamte System ist außer Rand und Band", meinte sie. „Es wird alles zusammenbrechen, das geht so sicher nicht weiter, und es muss sich etwas ändern. Wir müssen erkennen, was wirklich einen Wert hat, und was nicht." Diese Frau steckt mitten im System, arbeitet bei einer Bank und verkauft Finanzprodukte. Sie weiß genau, was „los ist", spürt die Probleme. Sicher gibt es auch viele Menschen, die diese Alarmsensoren nicht haben und die sich denken: „Ach, das wird schon alles gut gehen." Auch wenn du zum Beispiel merkst, dass dein Körper nicht mehr so funktioniert, wie er funktionieren sollte, dann sagst du vielleicht: „Ach was, das vergeht schon, das stecke ich schon weg." Du willst es nicht wahrhaben.

Erst seit ich selbst mehr Ruhe gefunden und mehr Zeit habe, ist es mir möglich, unser Treiben etwas mehr von außen zu beobachten. Ich bin sozusagen in einem anderen Modus. Nicht nur ich bin das, es sind bereits viele Menschen, die kritisch beobachten und sich denken: „Es läuft etwas falsch." Ich wundere mich nicht mehr darüber, wenn ich in einer Zeitung einmal eine Headline sehe, in der steht: „Amokläufer …!" Ich bin regelrecht dankbar dafür, dass es nur so wenige sind, die Amok laufen. Gründe zum Amoklauf bietet unsere Welt ja genügend. Ich befürchte, dass viele Menschen knapp davor stehen, irgendwann einmal auszurasten, weil sie einfach unter ständigem Druck stehen.

Was ist Selbstverwirklichung?

Clemens G. Arvay: Die Selbstverwirklichung ist offensichtlich ein sehr wichtiges menschliches Bedürfnis. Wir möchten uns in unserem Leben selbst verwirklichen, unser Wesen entfalten und das umsetzen, was wir als unseren inneren Auftrag empfinden. Gleichzeitig stehen aber viele vor dem Problem, dass in der Gesellschaft ein immenser Anpassungszwang herrscht. Anders zu sein bedeutet auch – und oft geht es dabei nur um Äußerlichkeiten –, nicht akzeptiert zu werden. Die Selbstverwirklichung hat ja etwas mit Individualität zu tun, scheitert aber daran, dass eben dieses „Individuell-sein", dieses Anderssein, in vielen Fällen gesellschaftlich gar nicht respektiert wird. Was sind deine Erfahrungen mit dem Anderssein? Welche Steine werden einem da in den Weg gelegt?

Roland Düringer: Bei der Selbstverwirklichung muss man meines Erachtens etwas vorsichtig sein, damit daraus kein Egotrip entsteht. Sich selbst zu verwirklichen darf nicht dazu führen, dass einem alle anderen egal sind. Wir leben ja in gewisser Weise in einer Zeit der Selbstverwirklicher. Es gibt Menschen, die sich uneingeschränkt selbst verwirklichen, weil sie die Möglichkeiten dazu haben und es auch tun. Manche gehen dabei buchstäblich über Leichen.

Um mich selbst zu verwirklichen muss ich erst einmal das Selbst finden. Ich muss zuerst wissen: *Was* oder *wen* möchte ich verwirklichen? Ist es tatsächlich mein Selbst, das ich verwirkliche, oder will ich bloß mein Ego ausleben? Das Selbst zu verwirklichen ist viel schwieriger. Mit den üblichen Mitteln, die uns heutzutage meistens zur Verfügung stehen, funktioniert das oft nicht. Damit kannst du das Ich sehr leicht verwirklichen. Das Selbst jedoch – also das, was du eigentlich tief im Inneren bist, dieses Sein, das du in dir trägst und das in dir lebt –, das braucht im Grunde nur wenig zur Verwirklichung. Eben deswegen, weil es so wenig braucht, ist es so schwer zu finden. Was wenig braucht, muss nämlich nur selten seine Deckung verlassen.

Ich erinnere mich daran, schon als Kind und in der Schule etwas anders als die meisten meiner Kollegen funktioniert zu haben. Ich hatte aber das Glück, bald Menschen kennengelernt zu haben, die ebenfalls anders waren. Ihnen war ihr Anderssein völlig egal und ich durfte dadurch sehr viel von ihnen lernen. Mein Mentor, der Schauspieler Herwig Seeböck, war einer von ihnen und ein immens wichtiger Begleiter. Ich kann es mir heute glücklicherweise leisten, anders zu sein. Ich kann es mir leisten, Kugeln im Bart zu tragen, was manche Menschen aufgrund ihrer Lebens- und Arbeitsumstände nicht können. Sehr viel, was in letzter Zeit, seit ich meinen Selbstversuch „Gültige Stimme" mache, über mich gesprochen wird, dreht sich um diese Kugeln in meinem Bart. So etwas scheint für die Leute bedeutend zu sein: „Der hat ja Kugeln im Bart! Das schaut doch blöd aus!" Oder: „Kugeln, oh! Wer macht denn so etwas?". Weshalb sind uns solche Äußerlichkeiten so wichtig?

Foto: Lukas Beck

„Meine Bartkugeln scheinen die Menschen am meisten zu irritieren und oft sogar zu stören. Weshalb legen wir solchen Wert auf Äußerlichkeiten?"

Ich glaube, das äußere Erscheinungsbild von Menschen ist uns so wichtig, weil wir einfach gelernt haben, für die anderen zu leben. Wir opfern unser Lebensglück den anderen, selbst denen, die wir gar nicht so schätzen. Wir spielen uns einander ständig etwas vor, möchten anerkannt, akzeptiert, lieb gehabt werden. Deswegen wollen wir nicht unangenehm auffallen. Dass aber, würden wir eines Tages einmal alle auffallen, kein einziger Mensch mehr *auffällig* wäre, übersehen wir dabei. Dass wir nach Anerkennung suchen, könnte man auch positiv bewerten. Ich persönlich sehe es aber als negativ. Brauche ich wirklich die Bestätigung durch jemand anderen, um zu wissen, wer oder was ich eigentlich bin?

> *Mit meinem Anderssein bin ich ohnehin ständig konfrontiert. Mit meinem Beruf ist man schon einmal anders. Man steht unter Beobachtung, fällt auf, wenn man die Straße entlanggeht. Dabei geht es mir gar nicht darum, anders zu sein. Ich bin ebenso ein Kasperl wie alle anderen Menschen auch und versuche lediglich, andere Wege zu gehen. Das Problem ist, dass man gar nicht erst anders sein muss, um Irritation auszulösen. Es reicht, wenn man bestimmte Dinge anders tut.*

Clemens G. Arvay: In der Onlineausgabe der Tageszeitung „Die Presse" erschien am 12.05.2013 ein Interview mit dir. Unter der Schlagzeile „Aussteiger Roland Düringer sucht das gute Leben" erzähltest du über deinen schrittweisen „Ausstieg aus den Systemen". Davon angeregt verfasste eine Leserin einen Kommentar, wo sie über dich schrieb: „Der Mann hat es scheinbar nicht geschafft, erwachsen zu werden. Gut, er ist offensichtlich in der zweiten Pubertät [...]."

Die Dinge anders zu machen zieht immer wieder Ablehnung, fast möchte ich sagen: Gehässigkeiten, an. Was sagst du zu dem Kommentar?

Roland Düringer: Diese Frau hat aus ihrer Sicht recht. Sie sieht die Dinge so und konnte gar nicht anders reagieren als mit diesem Kommentar. Ihr Gehirn funktioniert so und aus ihrer Perspektive ist das vollkommen richtig. Und stelle dir vor: Die meisten Menschen haben in ihrem Leben nur eine Pubertät. Ich habe – laut dieser Dame – eine zweite. Vielleicht kommt auch noch eine dritte auf mich zu, das ist doch herrlich, nicht wahr? Es bedeutet, dass man sich verändert, man verwandelt sich. Ich könnte jetzt aus diesem Kommentar den Schluss ziehen, dass die Dame sehr unter ihrer Pubertät litt, dass dies vielleicht keine schöne Zeit für sie war. Meine Pubertät war eigentlich lustig, da hat sich viel abgespielt, das war „leiwand", wie man in Wien sagt, also es war so richtig lässig. Wir Jugendlichen machten viele Erfahrungen, probierten Dinge aus. Die Pubertät war für mich eine richtig spannende Zeit. Ich könnte aus dem Kommentar aber auch schließen, dass diese Dame eine wunderschöne Pubertät hatte und die Sehnsucht nach einer zweiten verspürt. Vielleicht ist sie neidisch darauf, dass da jemand eine zweite Pubertät erlebt und sie nur eine hatte. Aber noch einmal: Sie konnte nicht anders, als diesen Kommentar zu verfassen. Offenbar war es ihr wichtig.

Wir machen Beobachtungen, die mit unserem eigenen Weltbild, also mit unserer Art zu leben, nicht wirklich kompatibel sind, und dann ist es oft der einfachere Weg, die Menschen, die es anders machen als man selbst, zu verurteilen oder zu bewerten. Auch ich kenne das und erwische mich immer wieder beim Verurteilen, wenn jemand nicht so ist, wie ich es für richtig halte. Leider viel zu oft. Überall geschieht es, dass Menschen einander verurteilen. Veganer bezeichnen zum Beispiel diejenigen, die Fleisch essen, oft als „Fleischfresser" oder „Leichenfresser". Menschen, die nicht vegan leben, werden also abgewertet. Es ist etwa so, als würde ein Mensch von sich behaupten, er sei ein ganz besonders spiritueller Mensch und deswegen fährt er mit dem Fahrrad – weil er so spirituell ist. Dann sieht er vielleicht jemanden auf der Straße in einem Auto sitzen – in einem Sportwagen zum Beispiel – und denkt: „Schau, der ist nicht so spirituell wie ich, denn er trägt keine Sandalen, so wie ich, und der fährt auch nicht mit dem Fahrrad und hat auch nicht so ein indisches Tuch umgehängt, wie ich es habe. Dieser Mensch ist überhaupt nicht spirituell." Das ist dann eine Vorverurteilung. Vielleicht ist der, der im Sportwagen sitzt, tausendmal spiritueller als ein anderer, der sich für besonders spirituell hält, nur, weil er sich entsprechend verkleidet.

Man muss sehr darauf achten, Menschen nicht zu verurteilen. Wenn mir das passiert, sage ich zu mir selbst: „Hey, hey! Halt! Der kann nicht anders, so dumm es mir auch erscheint, was er da tut, aber in seiner jetzigen Situation geht es für ihn einfach nicht anders." Ich zügle mich dann, um ihn nicht zu verurteilen, sondern ihn vielleicht sogar zu unterstützen und ihm Alternativen aufzuzeigen. Ob er diese annimmt oder nicht, ist letztendlich seine eigene Entscheidung. Ich kann lediglich über alternative Wege berichten und sagen: „Schau, mir geht es super damit."

Clemens G. Arvay: Und doch scheint – das kann man zumindest aus dem Kommentar der Leserin herausfiltern – das „Erwachsensein" irgendetwas mit „sich angepasst haben" zu tun zu haben. Als erwachsen gilt in unserer Gesellschaft offenbar nur, wer sich möglichst restlos angepasst und vielleicht sogar einen Teil von sich dadurch abgedreht, abgestellt hat.

Roland Düringer: Ja, dieser Teil *wird* ihm abgestellt. Kein Kind kommt auf die Welt und sagt: „So, jetzt stelle ich viel von dem, was mir gut tut, ab und möchte mich anpassen." Das muss man einem Kind erst mühevoll beibringen und dafür haben wir ein eigenes System, wir nennen es das „Bildungssystem". Es ist aber in Wirklichkeit ein Ausbildungssystem. Dort beginnt eigentlich schon das Abrichten von Systemidioten. Der Schrei nach mehr für unsere Bildung, zumeist nach mehr Geld, wird am Grundproblem nicht viel ändern. Wir sollten vielmehr die Lehrer dazu anhalten, nicht Fächer und Gegenstände, sondern endlich die Menschen zu unterrichten.

Zurück in die Siebziger?

Clemens G. Arvay: Du möchtest nun, im Rahmen des Experiments „Gültige Stimme", einige Dinge in deinem Leben weglassen und mit dem auskommen, was dir als Kind in den 1970er-Jahren zur Verfügung stand. Quellenstraße 209 im zehnten Bezirk in Wien – dort bist du aufgewachsen. Wenn du an deine Kindheit und deine Jugend zurückdenkst, was stand dir damals zur Verfügung?

Roland Düringer: Diese Frage war für mich der Ausgangspunkt. Mein Projekt „Gültige Stimme" ist ein Ergebnis von Fragen, die ich mir gestellt habe: „Was ist ein gutes Leben? Kann ich mein Leben so umgestalten, dass sich etwas ändert, obwohl ich derselbe Mensch bleibe, demselben Beruf nachgehe, weiterhin am selben Ort lebe und mit denselben Menschen Kontakt habe?" Nachdem ich mir überlegt hatte, was ich will, was also mein Ziel in der Zukunft ist, musste ich mich fragen: „Wie komme ich dorthin?" Da fiel mir Folgendes ein: Wir lebten in den Siebzigerjahren im zehnten Wiener Bezirk auf 45 Quadratmetern, zu dritt, mit Toilette am Gang, ohne Badezimmer, Fernsehgerät, Telefon oder Auto. Anfangs gab es keine Supermärkte, Computer hat es damals ebenfalls nicht gegeben, Mobiltelefone sowieso nicht. Mein Vater bezahlte nur mit Bargeld, es gab ja nichts anderes. Dieses Leben war völlig anders, als man es heute führt. Wenn ich dieses Leben heute jemandem beschreibe – 45 Quadratmeter zu dritt, Toilette am Gang und so weiter –, dann sagt der: „Das ist Armut, eindeutig Armut. Also das ist ja nicht einmal mehr der niedrigste Lebensstandard. Das ist ja richtig arm!" Wir waren aber nicht arm, überhaupt nicht. Wir waren weit davon entfernt, arm zu sein. Es war ein Leben, in dem mir nichts gefehlt hat, ebenso wenig wie meinen Eltern. Mein Vater saß nicht zu Hause und dachte sich: „Wenn ich bloß ein Mobiltelefon hätte!" Der Wunsch nach einem Handy war nicht da, weil es so etwas einfach nicht gab. Es war nicht notwendig. Mein Vater dachte sich auch nicht: „Wäre das super, wenn ich nicht mehr mit Bargeld bezahlen müsste!" Er hätte sogar eher Angst davor gehabt, weil man ohne Bargeld viel weniger Kontrolle über die Ausgaben hat. All diese Eindrücke notierte ich mir, kramte die Werkzeuge der Siebzigerjahre aus meinen Erinnerungen hervor und versuche jetzt, 40 Jahre später, es wieder so zu machen wie damals.

Wie gesagt, es handelt sich um ein Experiment, das auch enden könnte, indem ich sage: „Nein, ich höre auf, das ist Unsinn und bringt gar nichts." Ich startete mein Vorhaben im Jänner 2013 und mittlerweile ist ein halbes Jahr vergangen. Ich weiß inzwischen, dass es kein Experiment mehr ist, sondern sich daraus ein neuer Lebensabschnitt entwickelt hat; ein Weg, den ich wohl noch lange gehen werde. Es ist genau so, wie ich schon sagte: Mit einem Experiment im Leben hört man irgendwann entweder auf und es scheitert, oder es wird Normalität. Genau an jenem Punkt bin ich jetzt, an dem ich sage: „Ich wüsste nicht, warum ich wieder einen Schritt zurück machen sollte." Ich möchte jetzt weiter machen und mir bald die nächsten Ziele setzen."

Clemens G. Arvay: Wenn du den Status quo mit deinen Erinnerungen an deine Jugendzeit in den Siebzigerjahren vergleichst: Was hat sich hauptsächlich verändert?

Roland Düringer: Ich glaube, was sich seit damals verändert hat
– und das ist es, was eigentlich Angst macht –, ist vor allem die
Geschwindigkeit. Es haben sich dadurch Rahmenbedingungen für
uns alle verändert. Der Mensch selbst hingegen hat sich, so denke
ich, kaum verändert. Wir sind Leben, das leben will, inmitten von
anderem Leben, das ebenfalls leben will. Das, was wir sind, hat sich
wohl seit der Steinzeit nicht verändert. Der Mensch wird geboren,
der Mensch wächst heran, macht seine Erfahrungen, wird irgendwann geschlechtsreif, der Mensch muss sich ernähren, braucht
Schutz, Wärme und soziale Kontakte. Und ja, irgendwann einmal
wird der Mensch krank und das Leben weicht wieder aus ihm. Das
klingt einfach, ist es aber, wie wir ja alle wissen, natürlich nicht.

*Wer von uns hätte denn ohne Fremdversorgung noch
Überlebenschancen? In den früh industrialisierten Ländern
sind es sicher sehr wenige. Um die Fremdversorgung nicht
zu verlieren, die Zoowärter also nicht zu vergrämen, muss
man sich eben an die Rahmenbedingungen des Zoos anpassen. So auch an die Geschwindigkeit. Man muss sich offenbar an dieser Hetzjagd beteiligen, um zu überleben. Auf
zahllosen Ebenen findet eine derartige Beschleunigung statt,
dass wir eigentlich mit dem, was wir wirklich sind, mit den
Möglichkeiten, welche die Evolution in uns angelegt hat, völlig überfordert sind. Unsere rasanten Erfindungen überfordern
unseren Körper und unseren Geist.*

Dadurch entsteht, so denke ich, bei vielen Menschen sehr viel
Druck, der dann irgendwo hinaus muss. Wir Menschen sind weder gescheiter noch sind wir dümmer geworden. Vielleicht sind
wir „blader" – also dicker und fetter – geworden, aber das trifft
auch nicht auf alle zu. Wir sind aber nicht mehr in der Lage, mit

der steigenden Geschwindigkeit mitzuhalten. Unsere Neuerungen wachsen nicht mehr in uns, sondern werden einfach irgendwo „für uns" entwickelt. Und wir denken uns dann: „Das ist nun einmal so, von nun an müssen wir damit umgehen." Irgendwann haben wir angefangen, zu glauben, dass uns Geschwindigkeit tatsächlich Zeit erspart. Das ist wohl der einzige Grund, wir wollen Zeit gewinnen.

Mein lieber Freund Hermann Knoflacher[6] schreibt auch in seinen Büchern und sagt in seinen Vorträgen, dass sich die Geschwindigkeit in Österreich seit den Sechziger- und Siebzigerjahren in etwa vervierfacht hat und in Deutschland sogar versechsfacht. Gemeint sind Mobilität, Kommunikation und viele andere Bereiche. Das müsste rein rechnerisch bedeuten, dass die Menschen im Vergleich zu früher heute sechsmal so gemütlich sind, da sie ja nun mehr Zeit haben. Aber genau das Gegenteil ist der Fall: Offenbar versteht niemand, was Geschwindigkeit ist, obwohl wir es in der Schule gelernt haben: Geschwindigkeit ist der Weg dividiert durch die Zeit, also zum Beispiel „Kilometer pro Stunde". Die Zeit ist in dieser Formel eine Konstante! Auch die Zeit, die ein Mensch auf diesem Planeten im Durchschnitt verbringt, bleibt in etwa konstant. Zum Glück weiß niemand von uns, wann diese Konstante für ihn persönlich zu Ende geht, aber die Zeit, diese paar Jahrzehnte, die wir zur Verfügung haben, bleibt unveränderlich. Wenn also die Zeit in dieser Formel die Konstante ist, und wir die Geschwindigkeit erhöhen, was passiert in dieser Rechnung? Die Wege werden länger, aber die Zeit bleibt gleich. Die Erhöhung der Geschwindigkeit führt nur dazu, dass wir längere Strecken zurücklegen müssen, um ein Ziel zu erreichen. Wir sparen dabei keine Zeit ein, es wird lediglich alles mühsamer.

Clemens G. Arvay: Dazu fällt mir eine Anekdote ein. Im 19. Jahrhundert lebte in Massachusetts ein Philosoph und Schriftsteller, der in

---

6 Hermann Knoflacher, Kritiker der Automobilgesellschaft, österr. Zivilingenieur, Buchautor und emeritierter Professor an der Technischen Universität in Wien.

die Geschichte einging. Sein Name war Henry David Thoreau und er gilt als einer der einflussreichsten Philosophen der Vereinigten Staaten und als Mitbegründer der amerikanischen Romantik. Bereits zu seiner Zeit beklagte er die Beschleunigung und die beginnende Industrialisierung der Gesellschaft. Daher baute er sich im Jahr 1845 eine Hütte im Wald, an einem Gewässer – dem Waldensee. Auch für ihn war dieser Rückzug ein Experiment. Er lebte dort zwei Jahre lang weitgehend als Selbstversorger. In dieser Zeit schrieb er sein bekanntes Werk „Walden – vom Leben in der Natur".

In seinem Buch schilderte er unter anderem einen Disput mit Dorfbewohnern aus seiner Nähe, welche die Zeitersparnis in hohen Tönen lobten, die durch die damaligen Eisenbahnen und die Steigerung der Reisegeschwindigkeit eintraten. Thoreau bestritt vehement, dass es einen wirklichen Gewinn zu verzeichnen gäbe. Er rechnete seinen Zeitgenossen vor, wie viel Zeit er sich ersparen konnte, indem er nicht mit der Eisenbahn reiste, sondern zu Fuß von A nach B ging. Er berechnete die Zeit, die er brauchen würde, um sich durch Lohnarbeit eine Fahrkarte kaufen zu können. Unterm Strich kam er – in der damaligen Zeit – zu dem Ergebnis, dass er zu Fuß wesentlich zeitsparender unterwegs war als die Dorfbewohner, die zunächst Zeit dafür aufwenden mussten, um sich das Geld für eine Bahnfahrkarte zu erarbeiten.

Roland Düringer: Noch heute wird durch die Erhöhung der Geschwindigkeit alles lediglich mühsamer. Früher, ich war noch ein kleiner Junge, fuhr ich mit meinen Großeltern von Wien in die Ortschaft Vorau in der Steiermark für zwei Monate auf Sommerfrische. Wir wurden mit einem alten VW-Bus durch ein ortsansässiges Autobusunternehmen abgeholt und das war eine richtige Reise für uns. Wir fuhren über das Wechselgebirge, machten in den Bergen erst einmal Zwischenhalt, weil der Motor heiß geworden war. Der VW-

Bus war mit Menschen und Gepäck voll beladen und wir waren den halben Tag unterwegs – mit Mittagspause. Die Strecke beträgt etwa 130 Kilometer und wenn man heute von Wien nach Vorau fährt, ist man, schätze ich, in eineinhalb Stunden dort.

Damals hätte zum Beispiel ein Vertreter, der in Vorau Außendienst zu erledigen hatte, seine Geschäfte inklusive Hin- und Rückfahrt an einem Tag erledigt. Heute würde so ein Handelsreisender nicht denken: „Ich fahre nach Vorau und fahre schon zu Mittag wieder zurück nach Wien, weil ich bin ja schneller als in den Siebzigerjahren." Nein, der Vertreter fährt danach gleich weiter bis Klagenfurt, ganz in den Süden Österreichs. Ein Tag reicht heute dafür aus. Ein anderer Vertreter, der früher seinen Job in Klagenfurt ausübte, ist dafür heute arbeitslos. Und der, der jetzt bis nach Klagenfurt dackelt, muss den Arbeitslosen mit seiner Leistung mitfinanzieren. Das ist nur ein Beispiel, das sich auf viele andere Lebensbereiche übertragen lässt.

Da läuft einfach etwas falsch. Der Großteil von dem, was man mir so erzählt, was ich den Zeitungen entnehme und was Leute – sogenannte Experten – von sich geben, stimmt nicht. Sie lügen sich selbst an. Warum tun sie das? Weshalb legen sie Scheuklappen an? Wie kommt es, dass ein Auto, das früher 700 Kilogramm wog, einen Betrag von geschätzt 100.000 Schilling kostete – was heute circa 7.800 Euro wären –, das mit 80 PS sehr gut unterwegs war und nur sieben Liter Treibstoff benötigte, heutzutage zweieinhalb Tonnen wiegt, 250 PS hat und man stolz darauf ist, dass es auf 100 Kilometern „nur" sieben Liter schluckt. Dieses Auto ist, ich schätze wieder, heute viermal teurer. Das ist doch kein Fortschritt, es ist ein Rückschritt!

Gültige Stimme

Ich frage mich, wohin wir mit dieser Entwicklung wollen. Was ist der Zweck des Ganzen? Mir erscheint diese rasende Beschleunigung, dieses „immer mehr", dieser angebliche Fortschritt, eigentlich als eine vom Sinn abgekoppelte Entwicklung. Also klipp und klar: Was ist das Ziel, auf das wir zusteuern? Ich denke zum Beispiel an Produkte, die uns verkauft werden und die wir alle wollen müssen. Zumindest dann, wenn es nach der Werbung geht, nach den Interessen der Konzerne, die angeblich so wichtig sind und so viel Fortschritt bringen sollen: Sie machen die Flatscreens *noch* flacher und *noch* größer, in einem *noch* kleineren Gerät hat jetzt *noch* mehr Musik Platz und das Bezahlen dieser Produkte wird *noch* einfacher, bis man irgendwann in einen Laden geht und nicht einmal mehr eine Kreditkarte benötigt, sondern vielleicht einen Chip eingesteckt hat, der beim Hinausgehen „weiß", was man gekauft hat, und so weiter. Das Ziel ist mir dabei völlig unklar. Was wollen wir eigentlich?

Denk an diese Unmengen von Lebensmitteln, die dann wieder weggeworfen werden. Man fragt sich inzwischen: „Wozu brauche ich eigentlich 30 oder 50 Fruchtjoghurtsorten in einem endlosen Kühlregal im Supermarkt?" Es scheint sich eine totale Eigendynamik entwickelt zu haben: „Immer mehr, immer schneller, immer weiter." Aber der Sinn davon ist fragwürdig.

Ich nehme zum Vergleich immer gerne den Neandertaler, denn der war auch ein Mensch und 95 Prozent der Zeit, die wir als Menschen auf dem Planeten verbracht haben, fallen in die Steinzeit. Das ist schon eine relativ lange Zeit. Wir gehen natürlich davon aus, dass die Zeit, in der wir jetzt leben, die einzig wahre ist und dass es davor praktisch nichts gegeben hat und jetzt alles „normal" ist. Weil uns unsere Entwicklung als logisch erscheint, sagt man: „Das ist ja klar, der Mensch *ist* der Fortschritt, er entwickelt sich, das ist eben so." Wenn wir fragen: „Immer schneller, immer weiter, immer besser – worin liegt Sinn?", dann gibt es für einen Neandertaler wohl nur eine einzige Antwort: „Weil ich auf der Flucht bin. Ich muss jetzt schneller laufen, weil der Säbelzahntiger gerade hinter mir herjagt." Also anscheinend sind wir momentan alle vor irgendetwas auf der Flucht und versuchen, immer schneller zu werden, um rascher fliehen zu können, aber in Wirklichkeit bleiben dabei immer Menschen auf der Strecke, nämlich jene, die aus irgendwelchen Gründen mit der Entwicklung nicht mithalten können. Sie bleiben übrig: die kleinen und mittleren Betriebe beispielsweise, die Bauern, alle, die in dieser Geschwindigkeit nicht mitkommen, aus verschiedenen Gründen. Sie alle bleiben übrig.

Dazu fällt mir ein Witz ein:

Zwei Tierforscher in Afrika verstecken sich in einem Busch, um einen hungrigen Löwen zu beobachten. Der Löwe wird auf sie aufmerksam, fängt an zu knurren und schleicht sich, seine Beute witternd, an die beiden heran. Die Forscher sitzen da und einer von ihnen sagt zum anderen: „Schnell, gib mir deine Turnschuhe". Darauf antwortet der andere: „Glaubst du, du läufst mit Turnschuhen schneller als der Löwe?"

„Nein", antwortet der erste, „aber schneller als du!"

Scheinbar sind wir alle auf der Flucht vor einem Löwen und alle bemühen sich, an die Turnschuhe zu kommen, damit der Löwe jemanden anderen frisst. Wir wissen, dass wir keine wirkliche Chance haben, dem Raubtier zu entkommen. Wir hätten die einzige Alternative, stehenzubleiben, dem Löwen in die Augen zu blicken und zu kämpfen. Vor etwas davonzulaufen, das schneller ist als du, ist eine ganz schlechte Strategie. Wir sollten den Löwen dorthin bringen, wo er nicht schneller sein kann als wir, wo er dieselben Nachteile hat. Wir müssen auf einen Baum flüchten oder ins Wasser. Schnell laufen alleine nützt uns nichts.

Schnell zu laufen hat nur Sinn, wenn man ein Ziel hat. Das Ziel ist in unserer beschleunigten Gesellschaft aber nicht das Entscheidende, glaube ich. Es geht nur mehr um das Schnellsein an sich. Wir haben offenbar kein Ziel: Wenn ich mir ein Handy kaufe, damit ich schneller mit jemandem kommunizieren kann, habe ich ja kein Ziel. „Ich will schnell kommunizieren" – das ist kein wirkliches Ziel, sondern in meinen Augen eine ziemlich dämliche Motivation. Die Sache ist aber komplex, denn ein Mobiltelefon ist im Grunde mehr als ein bloßes Kommunikationsmittel. Es ist heute wie ein eigenes Wesen, ein treuer Freund, ein Begleiter und ein Statussymbol ist es sowieso. Es hat seine eigene Energie, einen Zauber, etwas beinahe Magisches und ist mittlerweile ein Teil von uns, fast wie ein Herzschrittmacher, von dem man abhängig ist. Das Ding ist so komplex, dass es verschleiert, was es ist, nämlich schlicht und einfach ein Werkzeug. Man besitzt ein Mobiltelefon, ohne wirklich zu wissen, was man damit machen will. Es geht darum, es zu *haben*.

Wenn ich mir in einem Werkzeugladen eine Schaufel und einen Spaten kaufe, dann habe ich ein klares Ziel: Ich will ein Loch graben, sonst bräuchte ich keine Schaufel und keinen Spaten. Das heißt, die Schaufel und der Spaten werden erst zu Schaufel und Spaten, wenn ich das Loch grabe. Ansonsten sind sie sinnlos und es gibt nichts Dümmeres, als sich eine Schaufel und einen Spaten zu kaufen und in den Schuppen zu hängen, einfach nur, um Schaufel und Spaten zu besitzen oder um dann drei Wochen später die nächste Schaufel zu kaufen: „Jetzt gibt es eine neue Schaufel, die einen Kunststoffgriff anstatt eines Holzgriffs hat. Die kaufe ich jetzt und die hänge ich dann wieder in meinen Schuppen." Schaufeln zu kaufen und nie ein Loch zu graben ist Unsinn.

Wir umgeben uns mit zahlreichen „Schaufeln", die dann irgendwo herumhängen, die uns Zeit kosten, die aber nie einem Zweck dienen, weil wir sie eigentlich nicht verwenden. Ich könnte mir einen neuen Fernseher kaufen, ein HD- oder Full-HD-Gerät oder einen Plasmafernseher mit noch knackigerem Bild. Obwohl: Ein alter Röhrenfernseher hat auch ein gutes Bild, das völlig ausreicht. Aber auch das beste Bild und der beste Ton ändern nichts an der Qualität des TV-Programms. Das wird dadurch auch nicht besser. Ich bräuchte einen Fernseher, wo ich aufdrehe, und ich sehe nur noch interessante Sendungen, die mir wirklich dienen und die Sinn ergeben. *Das* bräuchte ich, kann es aber nirgends kaufen.

Den einzigen Sinn, den all diese sinnlosen Werkzeuge haben, ist der, dass sie der Wirtschaft dienen, sinnentleerte Arbeitsplätze schaffen und dass jemand Geld mit ihnen verdient – manche *mehr* Geld und manche *weniger*. Diejenigen, die dabei die eigentliche Arbeit leisten, verdienen in der Regel weniger. „Geldverdienen ist an sich doch nichts Schlechtes, denn wir alle müssen von etwas leben." Genau das ist der Punkt. Es stellt sich nur die Frage: Arbeiten wir, um zu leben, oder leben wir mittlerweile, um zu arbeiten?

Nicht das Geld hat uns zu Sklaven gemacht, sondern *wir* haben uns *selbst* zu Sklaven des Geldes degradiert.

Clemens G. Arvay: Das bedeutet, wir sind offensichtlich gar nicht so ohnmächtig, sondern jeder von uns hängt da bis zu einem gewissen Grad mit drinnen. Wir geben jeden Tag unser Okay zu diesem System, so wie es derzeit funktioniert. Wir sind nicht ohnmächtig, sondern wir haben eine „gültige Stimme" – offensichtlich.

Roland Düringer: Ob unsere Stimme gültig ist, entscheiden zum Teil leider andere ... bei Wahlen zum Beispiel. *(lacht)* Aber ich habe eine Stimme, ich habe jederzeit die Möglichkeit, Entscheidungen

zu treffen. Als ich über mein derzeitiges Experiment nachdachte, fiel mir sofort der Name dazu ein, nämlich „Gültige Stimme".
Natürlich: Bloß, weil ich kein Mobiltelefon mehr benutze, nicht mehr mit dem Auto fahre, nicht in Supermärkte gehe, und so weiter, ist das noch keine gültige Stimme im Sinne einer politischen Wahl. Mit „Stimme" meine ich die Möglichkeit, Entscheidungen zu treffen. Das ist meine Stimme. Dazu muss man gar nicht laut sein, man muss nicht einmal etwas sagen. Man braucht bloß zu handeln.

Es gibt ohnehin schon genügend Menschen, die entsetzlich viel reden, die laute Stimmen haben und unentwegt quatschen. Aber sie handeln oft nicht, weil das Reden immer einfacher ist. Etwas zu tun ist viel schwieriger. Würde ich nun hier sitzen und darüber nur reden, wie toll es eigentlich wäre, kein Handy mehr zu besitzen, nicht mehr in Supermärkte zu gehen, das Auto viel seltener zu benutzen, dann wäre das alles für den Arsch. Ich muss meine Ideen in Handlungen umsetzen: „Ich fahre nicht mehr mit dem Auto. Punkt."

Es macht keinen Sinn, jeden Abend vor dem Fernseher zu sitzen und über das Fernsehprogramm zu schimpfen und am nächsten Tag zu den Kollegen zu sagen: „Habt ihr den Dreck gestern im TV gesehen?" Stattdessen muss ich den Fernseher zum Fenster hinauswerfen.

Ab dem Moment, in dem ich handle und meinen Worten Taten folgen lasse, bin ich eine gültige Stimme. Ich glaube fest daran, dass jeder einzelne von uns eine fürchterliche Macht hat, in unserer Welt etwas zu verändern. Wichtig dabei ist, dass all diese „Gültigen Stimmen" in allen sozialen Schichten, Berufssparten und politischen Richtungen agieren. Es reicht schon, wenn wir einfach gewisse Dinge nicht mehr nachfragen.

Wenn das passiert, sind diejenigen, die uns die Waren präsentieren, die Dummen. Nehmen wir an, sie rühren ihre Werbetrommeln: „Jetzt gibt es das neue iPhone 6, es kann dieses und es kann jenes!" Was passiert, wenn es niemand kauft? Das ist natürlich utopisch, das ist eine Vision. Eine Vision zu haben ist allerdings nichts Schlechtes. Schlecht ist es nur, wenn Menschen versuchen, ihre Visionen mit Gewalt in Wirklichkeit zu verwandeln. Solche Versuche sind in der Geschichte schon oft fehlgeschlagen. Wir müssen uns zur Umsetzung unserer Visionen Zeit lassen – ich glaube, das ist das Allerwichtigste, um handlungsfähig zu bleiben. Auf Biegen und Brechen lässt sich keine Veränderung herbeiführen. Allmählich wird einer nach dem anderen sein Leben ein bisschen verändern, es in eine andere Richtung zu manövrieren beginnen, sich andere Ziele setzen, andere Werte im Leben und neuen Sinn finden. Sein Nachbar wird dann womöglich sagen: „Was tust du denn jetzt?"

„Ich habe einiges überdacht und mache ein paar Dinge ab jetzt etwas anders."

„Aha, ach so, ich verstehe."

Vielleicht fängt dann auch der Nachbar mit der Veränderung an. Es braucht eben Zeit. Irgendwann einmal wird sich das alles wie ein Lauffeuer über das ganze Land ausbreiten. Man wird sehen, dass wir auch anders funktionieren können, als man uns einschätzt. Das geht aber nur dann, wenn eine Minderheit – und „wir" sind die Minderheit, nicht die Mehrheit – ihren Ideen Taten folgen lässt. Ich, der in der Öffentlichkeit steht und die Möglichkeit hat, über meine Visionen öffentlich zu sprechen, kann vielleicht dem einen oder anderen einen Anstoß geben, auch selbst etwas zu verändern. Wir brauchen diese kleinen Mosaiksteinchen, dann wird eine Veränderung unserer Gesellschaft möglich. Was ich aber nicht glaube – und jetzt kommt die schlechte Nachricht –, ist, dass wir schneller sein können, als der Zerfall des Systems dauern wird. Ich hoffe sehr, dass ich mich irre, aber ich nehme an, dass, bevor wir das „Ding" umkrempeln, sich dieses auflösen wird. Wir werden alle dumm aus der Wäsche schauen. Vielleicht wird die Veränderung auch mit Katastrophen und Gewalt einhergehen. So, wie ich aus meiner eigenen Lebenserfahrung Menschen einschätze und die Geschichte beurteilen kann, gehe ich davon aus, dass es irgendwann einmal so richtig krachen wird.

Clemens G. Arvay: Der deutsche Philosoph Michael Schmidt-Salomon sagte einmal, wir seien nicht der *Homo sapiens,* sondern der *Homo demens.* Denn „demens" ist lateinisch und bedeutet „verblendet" oder „wahnsinnig". Es kann auch als „sinnlos" übersetzt werden.

Roland Düringer: Alleine, dass wir uns selbst als *Homo sapiens* bezeichnen, bestätigt diese Aussage des Herrn Schmidt-Salomon. Wenn sich jemand selbst als „weiser Mensch" bezeichnet, noch dazu als *Homo sapiens sapiens,* als doppelt weiser Mensch, dann muss man schon einen ziemlichen Knall haben. *(lacht)*

Clemens G. Arvay: Homo sapiens ist übrigens die Spezies, also die Art des Menschen. *Homo sapiens sapiens* ist die Unterart, auch als Subspezies bezeichnet. Es gibt nur eine Unterart beim Menschen. Dazu zählen alle Menschen aller Hautfarben. Es gibt daher keine „Menschenrassen", da der Begriff „Rasse" gleichbedeutend mit der Unterart einer bestimmten Spezies ist. Und beim Menschen gibt es eben nur diese eine namens *Homo sapiens sapiens.*

Roland Düringer: Also gibt es nur eine Menschenrasse, auch wenn manche anders aussehen? Wenn manche dunkler sind, manche gelber, manche röter. Es ist immer dieselbe Rasse?

Clemens G. Arvay: Biologisch betrachtet ist das völlig korrekt. Wir gehören weltweit nur einer einzigen Unterart an, daher gibt es auch nur eine „Menschenrasse".

Roland Düringer: Das stimmt. Es gibt ja auch einen weißen Schäferhund, einen braunen oder einen schwarzen, und dennoch sind sie alle Schäferhunde.

Jedenfalls hat Herr Schmidt-Salomon mit seiner Theorie des *Homo demens* schon recht. Nur muss man dann dazu fairerweise sagen: Ich gehöre auch dazu, Herr Schmidt-Salomon selbst ist es und wir alle sind es. Wir gehören alle dieser Spezies an: *Homo demens*, der verblendete Mensch. Die Frage ist, ob wir das immer schon waren oder ob wir uns erst dorthin entwickelt haben. Aber das ist ein anderes Kapitel.

Unsere Vorfahren waren ständig in der Gefahr, vom Säbelzahntiger gefressen zu werden. Wenn es eine Begegnung mit einem solchen Säbelzahntiger gab, löste das Stress aus und entweder du schafftest die Flucht vor dem Raubtier oder du wurdest einfach aufgefressen. Säbelzahntiger sind aber – wie wir wissen – ausgestorben. Es gibt auch kaum noch Wildtiere, die uns ans Leben wollen. Da wir aber das Gefühl, gejagt zu werden, offenbar brauchen, haben wir unsere modernen Säbelzahntiger selbst erschaffen. Ich nenne sie einfach „Sachzwänge". Das sind Sachen, die uns zwingen, das zu tun, was *sie* wollen. Und wir leisten unseren Säbelzahntigern Folge, obwohl wir sie selbst in die Welt gesetzt haben. Das ist eigentlich so richtig gaga.

Ich halte zum Beispiel das Mobiltelefon für einen Säbelzahntiger, aber auch den Radiowecker am Morgen, der unbarmherzig läutet, und auch all die falschen Werte, die wir im Kopf haben. Dass wir uns darüber Gedanken machen, was sich die anderen über uns denken, ist auch ein Säbelzahntiger und bei jedem Säbelzahntiger, bei jedem *virtuellen* Säbelzahntiger, dem wir begegnen, entsteht genauso wie beim Neandertaler eine Stressreaktion im Körper. Das heißt, das vegetative Nervensystem reagiert darauf und schaltet in den Kampfmodus, in den Überlebensmodus. Der Blutdruck steigt, die Verdauung geht auf Stand-by, die Bauchspeicheldrüse schüttet Insulin aus und im Körper werden unglaublich viele Gifte erzeugt – zum eigenen Schutz. Wenn der Neandertaler vor dem Säbelzahntiger davonlief, war er so auf Drogen, auf körpereigenen Drogen, dass er, falls ihn der Tiger erwischte, den Biss gar nicht mehr spürte. Das ist eine natürliche Schutzfunktion des Körpers. Sobald die Flucht vor dem Säbelzahntiger gelungen war, wurden diese Gifte ausgeleitet.

Bei uns ist es so, dass wir von einem modernen Säbelzahntiger zum anderen hüpfen: Hier läutet das Handy, dort ist der Computer abgestürzt. Die Kinder schreien. Der Chef ruft an oder der Installateur kommt nicht. Das bedeutet, dass wir pausenlos Stressreaktionen haben, die Gifte, die dabei entstehen, aber nicht mehr abbauen. Sie lagern sich im Körper ab. Unsere selbst erschaffenen Säbelzahntiger lösen also in uns nicht nur psychische, sondern auch körperliche Reaktionen aus. Wir stehen pausenlos unter Strom. Wer hat heute noch einen ruhigen Puls, setzt sich hin und kommt auf 40–50 entspannte Pulsschläge pro Minute, oder schafft es, in 60 Sekunden nur zwei- oder dreimal zu atmen, ohne sich dazu zu zwingen? Ein aktiver Mensch zählt in der heutigen Zeit als guter, wertvoller Mensch. Ein passiver Mensch wird als fauler Mensch betrachtet, der für die Gesellschaft keinen Wert hat. Allerdings gehen wir mit diesen beiden Begriffen sehr willkürlich um. Was bedeutet es, passiv zu sein und was bedeutet es, aktiv zu sein?

Wenn ich in meinem Garten unter der Weide sitze, in meinen kleinen Teich blicke und mich eine Stunde lang nicht bewege, sondern einfach nur beobachte und nachdenke, dann bin ich in den

Augen vieler Menschen passiv – also ein fauler Sack. In Wirklichkeit bin ich aber hochaktiv, da ich mich mit mir selbst und mit meinem Lebensraum beschäftige. Ich beobachte die Natur, denke über sie nach. Obwohl ich mich dabei nicht bewege, bin ich also aktiv und in meinem Inneren tut sich enorm viel.

Clemens G. Arvay: Wagen wir jetzt den Schritt vom *Homo demens* hin zum *Homo sapiens.* Machen wir uns noch einmal bewusst, dass wir nicht ohnmächtig sind, sondern eine gültige Stimme haben, Entscheidungen treffen und Handlungen setzen können. Was sind die Eckpunkte deines Experiments „Gültige Stimme"?

Roland Düringer: In „Gültige Stimme" geht es um die Veränderung von Rahmenbedingungen meines Lebens. Meine Lebenssituation in den Siebzigerjahren diente mir dabei zur Orientierung. Was bedeutet es, nur mehr mit öffentlichen Verkehrsmitteln unterwegs zu sein und nicht mehr mit dem Auto zu fahren? Was verändert sich in deinem Leben, wenn du kein Mobiltelefon eingesteckt hast? Was verändert sich, wenn du keine E-Mail-Adresse mehr benutzt? Wie wirkt sich der Verzicht auf Medienkonsum aus? Wie lebt man ohne Zeitung, ohne Radio, ohne fernzusehen? Und was bedeutet es konkret, nicht mehr in Supermärkte zu gehen und damit Konzerne nicht mehr zu unterstützen?

Mit irgendetwas musste ich also anfangen und das war, im Jänner 2013, der Verzicht auf das Auto. Bevor wir jetzt aber über Details sprechen, möchte ich noch eines vorausschicken: Ursprünglich wollte ich mein Experiment in Form eines Dokumentarfilms umsetzen. Es gab da einen amerikanischen Dokumentarfilm von Morgan Spurlock mit dem Titel „Supersize Me". Ein Mann als Hauptfigur dieses Films ernährte sich experimentell sechs Wochen lang nur von Fast Food. Wann immer sie ihm beim Bestellen im Fast-

Food-Restaurant die Frage stellten „Supersize?", antwortete er „Ja!"
Frühstück, Mittagessen und Abendessen bei McDonald's und in anderen Fast-Food-Restaurants. Das Selbstexperiment wurde ärztlich begleitet und bereits nach wenigen Wochen riet der Arzt dazu, das Projekt abzubrechen, da die Leber des Protagonisten rasch anfing zu leiden. Das Ganze wurde gefilmt und ich fand diesen Ansatz interessant. Mein eigenes Experiment „Gültige Stimme" ist natürlich nicht so radikal, aber es wäre dennoch spannend gewesen, es filmisch zu dokumentieren. Also traf ich den österreichischen Dokumentarfilmer Erwin Wagenhofer, der schon einige erfolgreiche Filme produziert hatte, wie zum Beispiel „We Feed The World" oder „Let's Make Money". Beide Dokus waren international erfolgreich. Erwin Wagenhofer fand die Idee, mein Experiment zu verfilmen, zwar interessant, wusste aber nicht, was genau er dabei filmen sollte. Sprich: Was wäre die Form des Films? Wäre dann ständig jemand mit einer Kamera an meiner Seite gewesen? So etwas ist nicht finanzierbar. Oder wenn ich nun zum Beispiel in ein Geschäft gehe und nicht mit der Karte, sondern bar bezahle, dann müsste auch dieser Vorgang gefilmt werden. Dazu braucht man aber die Genehmigung von demjenigen, der hinter der Kasse sitzt und die des jeweiligen Geschäftsführers. In dem Moment, in dem die wissen, dass eine Kamera kommt, reagieren sie natürlich anders als in einer Alltagssituation. Die formelle Aufmachung des Film war uns unklar, weshalb ich die Idee mit dem Dokumentarfilm wieder verwarf.

Ich dachte mir dann: „Ich mache es einfach selbst und beginne mit einem Videotagebuch." Seither spreche ich einfach in eine Kamera, erzähle über meinen Fortschritt und von meinen Erkenntnissen, berichte von Erlebnissen, die ich im Rahmen meines Experiments hatte. Mein Videotagebuch kann man im Internet unter *www.gueltigestimme.at* verfolgen. Am 22. Dezember 2012 stellte ich dort die erste Information als eine Art Vorwort ein – das war der Tag nach dem laut Mayakalender wieder einmal prophezeiten Weltuntergang. Manche hatten auch einen globalen „Bewusstseinswandel" erwartet. Beides ist – kaum überraschenderweise – nicht eingetreten. Am 2. Januar startete mein Experiment mit dem ersten Videotagebucheintrag. In meiner Lebenssituation ist ein solches Vorhaben nicht besonders mutig. Wirklich mutig wäre es, wenn jemand, der zum Beispiel sein Mobiltelefon tatsächlich beruflich benötigt, beinhart sagt: „Wisst ihr was? Ab sofort könnt ihr mich am Handy nicht mehr erreichen, auch der Chef nicht." Oder: „Ich bin nur mehr zu gewissen Zeiten erreichbar." *Das* wäre mutig, wäre aber möglicherweise das Ende der Karriere.

Es geht mir aber nicht darum, andere zu missionieren und zu überzeugen. Mein Anliegen ist es, den zahlreichen Menschen, die sich auf einem ähnlichen Weg wie ich befinden und denen es um Reduktion oder um das Herunterschrauben ihrer Ansprüche geht, Mut zu machen, indem ich sie wissen lasse: „Hey Leute, ich bin auch da, ich mache das auch. Ihr seid nicht alleine!"
Es gibt immer mehr Menschen, die den großen Systemen der Macht, den Konzernen, der Industrie, nicht mehr dienen möchten. Viele glauben, Freiheit sei es, durch Einkaufszentren zu schlendern und „frei" zu sein, alles zu kaufen, was man will. Die wirkliche Freiheit ist, wenn du durch ein solches Shoppingcenter gehst und dort nichts findest, was du brauchst. Das ist in meinen Augen Freiheit.

Bevor wir konkreter über mein Experiment sprechen, möchte ich gleich noch etwas vorausschicken: Da es mir darum geht, wieder mit den Werkzeugen der Siebzigerjahre auszukommen, müsste das konsequenterweise auch bedeuten, keinen Computer und auch das

Internet nicht mehr zu verwenden. Vielleicht wird das für mich der letzte Schritt sein. Irgendwann ziehe ich den Stecker meines Computers, melde mein Internet ab und dann gibt es auch das Videotagebuch nicht mehr online. Eine Zeit lang möchte ich meine Beobachtungen aber noch übers Internet öffentlich teilen.

Mobilität

Clemens G. Arvay: Viele deiner Fans kennen dich in deiner Rolle als „Benzinbruder". Du hast eine besondere Geschichte mit Autos hinter dir, hattest früher auch sehr viele Autos in deiner Halle stehen. Wie hat sich dein innerer Wandel vom Autofreak zum Autoasketen, der so selten wie möglich Auto fährt, vollzogen? So etwas passiert ja nicht von heute auf morgen.

Roland Düringer: Ja ja, der „Benzinbruder". Ich selbst habe mich nie als Benzinbruder bezeichnet, es gab auch nie eine Figur, die ich einen Benzinbruder nannte. Eines meiner bekanntesten Stücke hieß aber „Die Benzinbrüder" und war auch damals schon eine kritische, satirische Auseinandersetzung mit dem Auto. Letztendlich starb darin die Hauptfigur „Karl Opel", ein VW-GTI-Fan, in seinem Auto, nachdem er sich beim GTI-Treffen nachts um einen Baum gewickelt hatte. Den Titel „Benzinbruder" verliehen mir in der Folge dann die Medien.

Ich besaß damals tatsächlich eine Zeit lang wahnsinnig viele Autos, beschäftigte mich auch mit diesen und fuhr hin und wieder auch Autorennen. Ich drehte mit einem Formel-1-Wagen einige Runden, besaß ein Ralley-Auto und viele andere Spielzeuge. Redaktionen von Autozeitschriften engagierten mich für Testfahrten. „Düringer" und „Auto" waren in der öffentlichen Wahrnehmung untrennbar miteinander verbunden. Auch heute stehen in meiner

Garage noch einige alte Datsun 240Z, ein klassischer japanischer Sportwagentypus der Siebziger und einer meiner Kindheitsträume.

Als ich über mein Experiment „Gültige Stimme" nachdachte, war mir zunächst klar, dass die größte Veränderung in meinem Leben sicher der weitgehende Verzicht auf das Auto sein würde, da dieses ganz tief mit mir verbunden ist. Ich wuchs mit Autos auf und das Benützen dieser Gehprothesen war absolute Normalität für mich. Autofahren war etwas, wodurch man sich profilieren konnte.

Das bedeutet aber nicht, dass ich pausenlos mit Autos herumfuhr. Es ging mir um die Objekte an sich und ich entwickelte eine Art Sammelleidenschaft dafür. Autos wie von Porsche, Ferrari oder anderen gängigen Marken interessierten mich nie. Ich hatte ganz andere Autos: Liebevoll restaurierte, wilde amerikanische Kisten aus den Fünfziger-, Sechziger- und Siebzigerjahren, Hot Rods und Muscle-Cars. Man könnte fast sagen, es waren Kunstobjekte. Mein Vater hatte die Ami-Schlitten immer als „Strizziautos" bezeichnet. „Strizzi" ist Wienerisch und bedeutet „Zuhälter". Wahrscheinlich dachte ich mir irgendwann: „Zum Strizzi hat es bei mir nicht gereicht, dann muss ich mir wenigstens ein Strizziauto zulegen." *(lacht)*

In den Fünfziger-, Sechziger- und Siebzigerjahren gab es wunderschöne Autos. Damals bauten noch Menschen diese Vehikel. Als ich ein Kind war, konnte man die Autos an ihren „Gesichtern" erkennen. Man konnte sofort sehen, aus welchem Land sie stammten. Schon von weitem konnte man sagen: „Dies ist ein Italiener, das ein Franzose und das andere ist ein deutsches Auto." Diese Autos waren wie eine Art Spiegel der Kultur oder der Menschen, die sie gebaut hatten. Da schwang noch viel mehr mit als heute. Gewissermaßen konnte man an dem Wagen, den jemand fuhr, erkennen, welcher Menschentyp er oder sie war. Man sagt ja, dass sich ein Haustier – ein Hund zum Beispiel – an den Herrn anpasst, also dass die beiden einander ähnlich werden, weil eine Verbindung zwischen ihnen entsteht. Genauso haben sich die Menschen ihre Autos nach Charaktereigenschaften ausgesucht. „Dieser Wagen passt zu meinem Charakter." Oder: „Das ist eher ein sportlicher Typ, so wie ich", weshalb vermutlich ein roter Italiener gekauft wurde. Französische Fabrikate waren eher verspielt, zart, fast zerbrechlich, aber dafür sehr bequem, weich gefedert, wohnzimmerartig. Man konnte in ihnen dahingleiten. Italienische Autos waren hart gefedert und hatten kleine, dicke Lenkräder. Deutsche galten als zuverlässig. Man suchte sich ein Auto, das zum eigenen Wesen passte. Das ist heute ja nicht mehr möglich, da alle Autos gleich aussehen, ob nun von Peugeot, Toyota oder Volkswagen. Sie werden inzwischen oft sogar in denselben Werken gefertigt.

Ich hatte im Laufe meines Lebens so viele Autos, dass ich heute gar nicht mehr genau weiß, welche das waren. Das ist verrückt, oder? Jedenfalls hatte ich immer *ein* Alltagsauto und dieses diente dann, wie bei vielen anderen auch, meiner Mobilität. Man steigt ins Auto ein und ist plötzlich mobil. Und dabei verwandelt man sich auch selbst, denn wenn man im Auto sitzt, ist man automatisch ein Autofahrer. Im Auto ist man gewissermaßen kein Mensch mehr, sondern funktioniert ganz anders: Kein Fußgänger würde zum Beispiel einem anderen auf dem Gehweg am Hintern kleben und sagen: „Mach weiter, geh schneller!" Auf der Autobahn passiert das. Dort fahren die Leute dem Vorderen knapp auf und blinken ihn mit den Lichtern an.

Ich kam pro Jahr auf circa 50.000 Kilometer oder mehr, weil ich mit dem Auto auch auf Tournee fuhr. Dabei war es natürlich eine feine Abwechslung, immer wieder in einem anderen Auto zu sitzen. So kaufte und verkaufte ich regelmäßig Autos, um mein Glücksgefühl wieder ein bisschen nach oben schnellen zu lassen. Irgendwann fing das Autofahren aber an, mir zur Belastung zu werden. Es ging mir wirklich gegen den Strich, mit dem Auto Kilometer zu fressen: Dieses ständige Drinnensitzen! Die Kreuzschmerzen, die vielen Staus ... Das wurde mir alles unangenehm. Ich dachte oft über das Autofahren nach und lernte dann Hermann Knoflacher kennen, den Verkehrsexperten und Automobilkritiker. Eines seiner Bücher nennt sich „Virus Auto", ein anderes „Zurück zur Mobilität". Ich gestaltete gemeinsam mit ihm einen Abend zum Thema „Auto".

Ich wurde damals von einer Bürgerinitiative gegen eine Schnellstraße in Niederösterreich als Prominenter eingeladen, um auf einer ihrer Veranstaltungen aufzutreten. Ich schlug vor, auch Hermann Knoflacher einzuladen, der genau der richtige Mann gewesen wäre, da er seit den Siebzigerjahren nichts anderes tat, als Lebensräume für Menschen zu planen und dafür zu kämpfen, die Autos aus den Städten zu verbannen, damit die Stadt wieder den Menschen gehört. Die Bürgerinitiative wollte das aber nicht. Sie empfanden Hermann Knoflacher als zu radikal. Sie getrauten sich nicht, ihn einzuladen. Seltsam oder? Die Veranstaltung fand dann ohne Hermann und auch ohne Düringer statt.

Stattdessen trat ich mit Hermann Knoflacher gemeinsam in einem Kabarettlokal auf, in dem wir an einem Abend gemeinsam über Autos philosophierten. Wir nannten den Vortrag „Benzinbrüder Reloaded". Viele Zuseher kamen, weil sie dachten, es handelte sich um den zweiten Teil meines Programms „Die Benzinbrüder". Als wir aber dann über andere Dinge sprachen – nämlich über die Probleme, die Autos in unserer Gesellschaft ausgelöst hatten – waren einige im Publikum sehr überrascht und auch enttäuscht, wie ich zugeben muss. Die Erwartungshaltung war natürlich eine gänzlich andere. Vielleicht zählen solche Entscheidungen zu den etwas mutigeren in meinem Leben. Das Publikum bewusst vor den Kopf zu stoßen hat natürlich schon etwas von beruflichem Harakiri. (lacht)

Seit dieser Zeit stehe ich in Kontakt mit Hermann Knoflacher und habe durch ihn einen ganz anderen Blick auf die Automobilität entwickelt. Ich nehme die Welt wieder als Fußgänger wahr und nicht als Autofahrer. Wenn du als Fußgänger durch eine Stadt gehst, bekommen Autos eine ganz andere Bedeutung für dich. Sie werden zum Störfaktor, zur Belästigung und zur Einschränkung der persönlichen Freiheit.

Bis ich 16 Jahre alt war, war es für mich völlig normal, öffentliche Verkehrsmittel zu nutzen. Kaum hatte ich ein Moped, ein Mofa, stieg ich nicht mehr in die Straßenbahn oder in die U-Bahn ein. Nur mehr in Notsituationen fuhr ich mit öffentlichen Verkehrsmitteln.

Jetzt bin ich wieder mit der Bahn oder mit dem Bus unterwegs, auch auf Tournee – und das sind doch viele Auftritte und damit Reisen im Jahr. Mein Tourbetreuer und Techniker Christian Clementa begleitet mich dabei. Früher hatten wir immer ein großes Rednerpult für die Bühne dabei, das wir jetzt nicht mehr mitnehmen können. Ich musste mich also anpassen und seither gänzlich ohne Rednerpult auskommen. Das Weglassen des Autos hat somit die Inszenierung meines Programms verändert.

In Wien nutze ich das Fahrrad überraschenderweise fast nicht. Das öffentliche Verkehrsnetz ist dort so gut ausgebaut, dass du superschnell auch ans andere Ende der Stadt gelangst. Vom öffentlichen Verkehrsmittel ans Ziel tragen mich dann meine Füße. Zu Fuß zu gehen ist für mich das Beste überhaupt, das ist nahezu uneingeschränkte Mobilität und damit Freiheit.

Als Kind hasste ich das Gehen. Wandern mit meinen Eltern war für mich das Schrecklichste, das man nur tun konnte. Mobilität war für mich lange Zeit etwas, das Räder hat – zumindest in Form eines Fahrrades. Diese Denkweise hat aber einen grundlegenden Fehler: Räder brauchen immer eine

Fahrbahn. Ohne Fahrbahn ist ein Rad sinnlos. Deswegen gibt
es in der Natur auch kein einziges Tier, das Räder hat.

Ohne Fahrbahn funktioniert selbst ein Fahrrad nicht mehr – das lernt man zum Beispiel als Mountainbiker sehr rasch, wenn man den Berg über einen Wanderweg bezwingen möchte. Zuerst radelt man eine Schotterstraße entlang, dann wird daraus ein Fußweg und irgendwann kommt man sogar mit dem Mountainbike vor lauter Steinen und Wurzeln nicht mehr weiter. Dann nimmt man das Fahrrad und trägt es hinauf. Das bedeutet: Sobald es keine Fahrbahn mehr gibt, wird das Fahrrad buchstäblich zur Last. Daher gehe ich gerne zu Fuß – „back to the roots". Wenn ich mich gehend durch den Wald bewege – *gehend* wohlgemerkt, nicht laufend –, dann bekomme ich auch von der Landschaft und der Umwelt am allermeisten mit.

Meine Geschwindigkeit im Wald hat sich mit den Jahren stark reduziert. Zuerst fuhr ich mit dem Motorrad durch die Wälder, fuhr auch bei Endurorennen mit, bei denen man vom Wald nichts mehr wahrnimmt. Dann fing ich mit Mountainbiking an, bei dem man vielleicht ein bisschen mehr von der Landschaft mitbekommt, aber auch nicht sonderlich viel, vor allem dann nicht, wenn man dabei Rennen fährt, sei es gegen andere Biker oder auch nur gegen sich selbst und die Zeit.

Ich stieg aufs Laufen um und dabei nimmt man die Natur schon etwas stärker wahr, ist aber noch immer auf den Sport konzentriert. Erst, wenn man zu gehen beginnt, kann man zwischendurch auch stehenbleibe, innehalten, sich einen Baum ansehen, genießen. Man kann Beobachtungen machen und dann weitergehen. Das Gehen nimmt extrem viel Druck aus meinem Leben und ich entdecke dabei ständig etwas Neues, auch in der Stadt. Was ich alleine in Wien zu Fuß entdeckt habe, hätte ich von einem Fahrzeug aus nie wahrgenommen. Dabei ist es egal, ob es sich um nette Läden handelt, schöne Häuser, gemütliche Plätze. Gehen ist großartig und hat etwas Heilendes. Es entspricht genau der Geschwindigkeit, mit der das menschliche Gehirn gut zurechtkommt. Das sind etwa vier Stundenkilometer. Nicht umsonst zieht es so viele Menschen an den Jakobsweg, was hingegen auch etwas seltsam ist. Warum sollte ich einen Weg entlanggehen, auf dem auch alle anderen marschieren? Gehen kann ich überall. Aber es erzählt sich eben gut, wenn man vom Jakobsweg zu berichten hat. Das ist dem Ego sicherlich zuträglich.

Vor dem öffentlichen Verkehr hatte ich zuerst etwas Angst. Ich dachte mir: „Öffentlich fahren? Was bedeutet das in meiner Situation als öffentlich bekannte Person? Beobachten mich die Leute dann in der U-Bahn?" Eine schreckliche Vorstellung. Aber es kam ganz anders. Gelegentlich fragt mich jemand, ob ich der Düringer sei, dann antworte ich zumeist wahrheitsgemäß mit „Ja". Manchchmal behaupte ich auch einfach: „Nein, dem schau ich vielleicht ein wenig ähnlich. Das hat mich heute schon einmal jemand gefragt."

Ansonsten passiert nicht viel. Im Großen und Ganzen genieße ich es sehr, die öffentlichen Verkehrsmittel zu nutzen. Ich konnte wirklich die Welt neu entdecken, nachdem ich das Auto stehengelassen hatte. Ich kenne jetzt andere Wege, habe neue Möglichkeiten und gewinne enorm viel Zeit. Man glaubt, dass das Auto am zeitsparendsten fährt, aber das stimmt nicht. Mit dem Auto habe ich früher von zu Hause bis nach Wien in der Regel 40 oder 50 Minuten benötigt, je nach Lage des Ziels in der Stadt. Jetzt, mit Bahn und U-Bahn, dauert es um eine Viertelstunde länger. Dafür kann ich aber die Zeit während der Fahrt nutzen. Ich lese zum Beispiel ein Buch, was ja während des Autofahrens nicht so leicht möglich ist. Manchmal arbeite ich mit dem Laptop. Die Bahnfahrt ist also ein großer Zeitgewinn. Man glaubt kaum, welche abgelegenen Orte man auch ohne Auto erreichen kann. Man muss sich bloß an gewisse Vorgaben halten, also an die Fahrpläne.

Manche Fahrten werden deutlich umständlicher, zum Beispiel die Strecke nach Tulln in Niederösterreich, das nicht weit von meinem Wohnort entfernt liegt. Im öffentlichen Verkehr muss ich zuerst bis nach Wien, dort in die Schnellbahn umsteigen und nach Tulln fahren. Es wird also manchmal zur „Challenge", Orte zu erreichen, die eigentlich relativ nahegelegen sind. Je größer aber die Distanz, desto plausibler und effektiver die Bahnfahrt. In den Westen des Landes zum Beispiel, nach Vorarlberg oder auch nur nach Linz oder Salzburg, gelangt man auf keine Weise schneller und komfortabler als auf Schienen. Ich empfinde es aber auch als spannend, wenn dann plötzlich die Fahrt nach Tulln zu einer kleinen Reise wird. Ich *fahre* dann nicht nach Tulln, sondern ich *reise*.

Das Reisen haben wir ohnehin verlernt. Wir wechseln nur mehr die Orte. Wenn ich in ein Flugzeug einsteige, komme ich einige Stunden später in einer anderen Welt an, womöglich in einer anderen Kultur. Aber diese Veränderungen unterwegs würde ich nicht mitbekommen. Manche Indianer – die nordamerikanischen Ureinwohner – sagen ja, dass man immer wieder stehenbleiben und innehalten muss, wenn man sich in hoher Geschwindigkeit bewegt, damit die Seele nachreisen kann. Vielleicht steckt da ein Körnchen Wahrheit drin. Ich genieße es, wieder zu reisen, anstatt bloß irgendwohin zu fahren.

Clemens G. Arvay: Im Sommer 2012 begab ich mich auf eine große Reise, die drei Monate dauerte und mich durch mehrere Länder Europas führte. Ich war für mein Buch „Friss oder stirb – Wie wir den Machthunger der Lebensmittelkonzerne brechen und uns besser ernähren können" auf Recherche unterwegs. Es war eine große Bereicherung für mich, den Wandel der Landschaft mitzuerleben. Ich fuhr im „Zickzack" quer durch Deutschland, machte Zwischenstopp an der Ostsee und später an der Nordsee, von wo ich bis nach Großbritannien gelangte. Der entfernteste Punkt, den ich erreichte, lag an der wilden Westküste von Wales. Es war ein schönes Erlebnis, zu beobachten, wie sich die Landschaft in Richtung Norden änderte, wie sie nach Westen hin immer maritimer wurde. Wäre ich ins Flugzeug eingestiegen – du sagtest es bereits –, hätte ich nichts von alledem wahrgenommen.

Roland Düringer: Während meiner Tourneen war ich 30 Jahre lang in ganz Österreich unterwegs. Früher konnte ich, wenn ich von der Autobahn abfuhr, anhand der Häuser oder der Infrastruktur noch erkennen, in welchem Bundesland ich mich befand. Heutzutage sieht es im Wesentlichen überall gleich aus: Ich gelange von der Autobahn zu einem Kreisverkehr und dort befindet sich der erste Baumarkt. Dann kommt meist ein BILLA, HOFER[7], SPAR oder ein anderer Supermarkt, ein Schuh-Discounter, ein Kleider-Discounter und eine Tankstelle. Das ist überall gleich, ob ich nun ganz im Osten des Landes abfahre oder im Westen. In Deutschland wird es vermutlich genauso sein, nur dass die Geschäfte dort anders heißen. Da nennen sich die Supermärkte dann eben REWE, EDEKA, ALDI, NORMA, und so weiter.

Auch daran erkennt man, was das Auto eigentlich angerichtet hat. Kein Mensch würde ohne ein Auto in einen Großmarkt fahren oder in ein Einkaufszentrum. Das würde überhaupt keinen Sinn ergeben. In die Wiener Shopping City Süd ohne Auto? Mit zwei kleinen Taschen in der Hand? Welchen Sinn ergibt das? Du musst ja etwas einkaufen, etwas ins Auto laden können.

Was früher ein Bahnhof war, ist jetzt ebenfalls eine Shoppingmall. Der Zug fährt bis ins Einkaufszentrum und dort sind wieder die

---

7 HOFER ist ALDI SÜD in Österreich.

gleichen Geschäfte wie überall. Du steigst in Linz am Bahnhof aus und kannst ins gleiche Geschäft hineingehen, in dem du vielleicht beim Einsteigen am Wiener Westbahnhof schon warst. Man könnte auch sagen, es seien Einkaufszentren mit angeschlossenen Bahnhöfen anstatt umgekehrt.

Ein für mich wichtiges, um nicht zu sagen unersetzliches Werkzeug im Öffentlichen Verkehr ist mein Smartphone. Ich besitze ja nach wie vor ein solches Gerät, benutze es aber nicht zum Telefonieren, sondern zum Abrufen von Fahrplänen. Das ist etwas wirklich Nützliches. Ich gebe dann einfach ein, wo ich bin, wohin ich möchte und zu welcher Zeit, dann bekomme ich innerhalb von einer Minute die genaue Route ausgespuckt. Das ist ein wirklich hilfreiches Werkzeug.

Wenn ich öffentlich unterwegs bin, muss ich mir genau überlegen: „Wie komme ich da oder dort hin?" Und in meinem Fall: „Komme ich dort spätabends auch wieder weg?"

Zurück nach Hause komme ich in der Nacht, nach meinen Auftritten, aber meistens nicht mehr. So, wie ich es früher gewohnt war – dass ich mich nämlich nach der Show ins Auto setze und einfach heimfahre – läuft es nicht. Jetzt nächtige ich in der Regel vor Ort. Das hat den großen Nachteil, dass ich dann weniger oft bei meiner Frau bin. Ich muss aber sagen, dass ich auch früher nach meinen Auftritten nicht immer gleich nach Hause fuhr. In den letzten Jahren empfand ich es eigentlich als zu gefährlich, in der Nacht nach einem langen Tag mit dem Auto nach Hause zu brettern. Nach meinen Auftritten bin ich müde und nach Mitternacht dann richtig bettschwer. Das macht eben das Alter. Der Vorteil des Übernachtens vor Ort ist, dass ich auf diese Weise Ortschaften und Städte zu Fuß kennenlerne, die ich sonst nur oberflächlich während der Zufahrt zum Parkplatz vor dem Veranstaltungslokal wahrgenommen hätte. Mit dem öffentlichen Verkehr zu fahren bedeutet für mich, mehr im Leben zu stehen, als ich es mit einer Gehprothese tun würde, die wir „Auto" nennen. Man könnte auch sagen: „Bürgerkäfig".

Den Begriff „Gehprothese" habe ich von Hermann Knoflacher übernommen. Das Auto ist nach dieser Sichtweise eine technische Unterstützung, um zu gehen. Wenn man nicht gehen will oder kann, setzt man sich ins Auto.

Ich verzichte aber nicht gänzlich aufs Autofahren. Schließlich geht es mir nicht darum, mir oder vielleicht sogar der Welt zu beweisen, wie toll ich bin, weil ich ganz ohne Auto auskomme. Mein Auto transportiert mich zum Bahnhof. Teilweise gehe ich zu Fuß dorthin oder nehme das Fahrrad. Mit dem Rad stoppte ich vor Kurzem die Zeit: Von zu Hause bis zum Bahnhof benötige ich 23 Minuten – da geht es vor allem bergab. Zurück ist es eine Stunde. Aber auch dabei *gewinne* ich Zeit, da ich an den Tagen, an denen ich mit dem Fahrrad zum Bahnhof fahre, keinen Sport mehr zu machen brauche. Im Januar, bei zwei Grad unter null, im Nebel und um ein Uhr morgens, erspare ich es mir aber, 60 Minuten lang den Berg hinaufzuradeln. Das möchte ich mir nicht zumuten. Es würde auch keinen Sinn machen, da solche Strapazen mein Leben nicht bereichern, sondern mich sogar Lebensqualität kosten würden. Ich bin ja auf der Suche nach einem guten Leben und nicht nach einem schlechteren. *(lacht)* Gewisse Kompromisse halte ich daher für sinnvoll. Also fahre ich, wenn nötig, mit dem Auto zum Bahnhof.

Im Frühjahr 2013 habe ich mir sogar ein Auto gekauft. Diese Aktion war Teil meines Versuchs. Der Wagen, ein alter Citroën BX mit Dieselmotor aus dem Baujahr 1991 und mit 195.000 Kilometern auf dem Tacho, kostete mich 600 Euro. Ich möchte herausfinden, wie lange man bei meiner geringen jährlichen Kilometerleistung mit einem Auto für 600 Euro fahren kann. Ich hinterfrage damit die Absurdität dieser neuen Autos, die man sich heute kauft, und die ein Schweinegeld kosten. Ich bin neugierig, wie lange der

Wagen fährt. Es kann natürlich sein, dass er in drei Monaten kaputt ist, und ich mir wieder einen kaufen muss – um 600 Euro. Aber das möchte ich ausprobieren, das ist ein Teil meines Versuchs.

Clemens G. Arvay: Die Autoindustrie tut ja sehr viel dafür, uns einzureden, es sei beispielsweise sogar aus ökologischen Gründen notwendig, ständig neue Autos zu kaufen. Es gibt sogar immer wieder sogenannte „Ökoprämien", die man erhält, wenn man einen Gebrauchtwagen zurückgibt, ihn verschrotten lässt, und dafür einen nagelneuen kauft. Aber ist der Kauf von ständig neuen Autos wirklich umweltschonender im Vergleich zum Ausnutzen von älteren, gebrauchten? Fest steht, dass der „Neuwagen-Kaufrausch" vor allem einer Seite nutzt – nämlich der Industrie.

Roland Düringer: Zu behaupten, der Kauf von neuen Autos sei umweltbewusster als der Kauf von gebrauchten, ist großer Unsinn. Ich glaube, für die Produktion einer Tonne „Auto" braucht man 70 mal so viel an Ressourcen, also 70 Tonnen. Ähnlich ist es mit dem Energieverbrauch: 20 Prozent der Energie, die ein durchschnittliches Auto im Laufe seiner Lebensspanne schluckt, fallen auf seine Herstellung. Das Bauen von Autos ist das wirkliche Problem, weniger das Fahren selbst.

Dass neue Autos sparsamer und effizienter sind, ist eine Lüge. Sie sind schwerer, sie sind größer, sie sind stärker. Die meisten schlucken etwa so viel Treibstoff, wie Autos auch früher geschluckt haben. Ich besaß einmal einen alten Celica, Baujahr 1976. Das war ein kleiner Sportwagen, der auf 100 Kilometer im Schnitt sechseinhalb oder sieben Liter brauchte. Mein Hybridauto, das ich zur selben Zeit fuhr – ein Toyota Prius Hybrid – kam auf 5,8 Liter, und das trotz des zusätzlichen Elektroantriebs. Die Herstellung von Akkus ist ja wohl auch kein umweltschonender Prozess.

Es ist ein vollkommener Nonsens, wenn man uns einreden will, neue Autos seien so viel energieeffizienter. Dabei geht es nur um die Interessen der Wirtschaft.

Clemens G. Arvay: Wäre es für dich interessant, zum Beispiel deinen Dieselwagen umzurüsten und dann Pflanzenöl zu tanken? Grundsätzlich klappt das bei jedem Dieselfahrzeug und am besten eignen sich die älteren dazu. Man kann dann relativ einfach Altspeiseöl filtern und damit fahren. Mit Funktionsgarantie kostet der Umbau in einer Werkstatt allerdings etwa 2.000 Euro, manchmal auch weniger.

Roland Düringer: Es ist eine interessante Idee, beim Wirten altes Speiseöl abzuholen und daraus eigenen Treibstoff herzustellen. Mein Citroën kostete mich aber schlappe 600 Euro und hat 195.000 Kilometer Laufleistung hinter sich. Da rentiert es sich natürlich nicht mehr, einen Umbau um 2.000 Euro durchführen zu lassen.

Die Frage ist nur, ob man ein altes Dieselauto überhaupt umrüsten lassen muss, um es mit Pflanzenöl zu betreiben. Das könnte ich ja bei meinem BX einmal ausprobieren.

Wenn wir aber schon beim Thema „Kosten" sind: Autofahren ist viel zu billig. Darum fahren ja ständig alle mit dem Auto, weil es so billig ist. Wir glauben natürlich, dass Autofahren zu teuer sei, und es wird ja auch immer teurer. Der Sprit kostet mehr und mehr, also sei der Autofahrer die „Melkkuh der Nation", so tönt der Ruf durchs Land. Aber ist nicht das Gegenteil der Fall? Ist Autofahren in Wirklichkeit nicht viel zu billig?

Ich nehme wieder ein Beispiel vom Hermann Knoflacher zur Veranschaulichung: Wenn ich die Wegstrecke von Wien nach Linz hernehme – das sind über die Autobahn etwa 180 Kilometer – so kostet mich diese Fahrt mit dem Auto schätzungsweise 20 Euro.

Per Automobil gelange ich also von Wien nach Linz, ohne mich zu bewegen. Das Auto ist daher eine Art Sänfte. Würde ich mich nun in einer echten Sänfte *tragen* lassen, dann bräuchte ich dazu einige Personen, die diese Arbeit leisten und denen ich Lohn bezahlen müsste. Sie würden Unterkunft sowie Verpflegung benötigen, da man die Strecke in einer Sänfte nicht an einem Tag zurücklegen könnte. In diesem Szenario wird deutlich, was es eigentlich wert ist, von Wien nach Linz zu gelangen, ohne dabei den Hintern zu bewegen. Alle billigeren Varianten, wozu das Autofahren definitiv zählt, sind subventioniert. In diesem Fall bedeutet es, dass das Autofahren durch die Allgemeinheit finanziert wird, daher auch durch diejenigen, die nicht fahren.

Obwohl ich durch meinen Umstieg auf öffentliche Verkehrsmittel generell an Lebensqualität gewonnen habe, gibt es natürlich auch Momente, die ich weniger genieße. So kann es vorkommen, dass die U-Bahn vollgestopft mit Fahrgästen ist – und nicht jeder kommt frisch aus der Dusche. Manchmal hat man sogar das Gefühl, ein tibetanischer Yak habe sich in die U-Bahn verirrt. Es gab auch Situationen, in denen die Bahn extrem verspätet war, sodass ich meine Anschlusszüge nicht erreichte. Auch kann es vorkommen, dass ein Zug aus technischem Gebrechen ganz ausfällt. Solche Dinge passieren, das ist völlig klar. Aber auch mit dem PKW kann man im Stau stecken oder eine Panne haben.

Es kam ein paarmal vor, dass mir Menschen aus dem Publikum anboten, mich vom Theater nach Hause zu bringen. Ich nahm die Angebote meist an. Warum nicht?

Eines Nachts – ich war gerade nach meinem Auftritt in Wiener Neustadt am Weg zum Bahnhof – sprach mich ein Taxifahrer an. Er kannte mein Projekt aus dem Internet und bot mir an, mich gratis mit seinem Taxi nach Wien zu bringen. Das sind etwa 60 Kilometer. Das Angebot war eher außergewöhnlich, nicht wahr? Solche ungeplanten Begegnungen wären nicht möglich, wenn ich mit meinem Auto unterwegs wäre. Übrigens wäre ich mit der Bahn am genannten Abend schneller in Wien gewesen. Aber das ist egal.

Clemens G. Arvay: Deine große Leidenschaft des Motorradfahrens ist dir ja nach wie vor geblieben. Hat sich an deiner Art und Weise, mit dem Motorrad unterwegs zu sein, etwas geändert?

Roland Düringer: Ich fahre jetzt prinzipiell anders Motorrad als früher, das stimmt. Ich fahre nämlich wirklich langsam. Und wenn ich jetzt „langsam" sage, dann meine ich das auch so. Das Motorrad ist für mich ja kein Werkzeug, das meiner Mobilität dient. Ich fahre nicht, um von A nach B zu kommen, um also mobil zu sein, sondern deswegen, weil mir das Motorradfahren an sich große Freude bereitet. Es hat für mich sogar etwas Meditatives, weil es mich mit allen Sinnen ins Hier und Jetzt holt. Ich sauge dabei die Landschaft förmlich in mich ein.

Früher sah ich beim Motorradfahren nur einen grauen Strich vor mir – den Asphalt der Straße. Nach diesem Strich richtete ich mich und sah zu, die Strecke einigermaßen geschmeidig und flott hinter mich zu bringen. Ich würde wohl auch nicht mehr Motorrad fahren, wenn nicht auch meine Frau Regine gerne Motorrad fahren würde.

Jetzt fahre ich am liebsten mit alten, relativ schwachen Motorrädern, zum Beispiel mit einer XT 500, die ich schon als Jugendlicher hatte. Das ist ein Motorrad aus den Siebzigern und Achtzigern mit 30 PS. Höchstgeschwindigkeit: 120 Stundenkilometer! Mit 80 Stundenkilometern kommt man sich damit schon schnell vor. Ich tauche dabei, abseits der Hauptstraßen, in die Landschaft ein, lasse mich von der Umge-

bung verzaubern und teile den Wind. Zwischen den Beinen brennt dabei ein Feuer: Es sind die Explosionen im Verbrennungsraum. Das ist ein richtiger Trip. So etwas kann man jemandem, der nicht Motorrad fährt, nur schwer erklären.

Wenn ich einem Menschen, der nicht Motorrad fährt, den Reiz des Motorrads zu erklären versuche, ist das etwa so, als käme diese Person mit Verspätung auf eine Party, die schon in vollem Gange ist. Alle Gäste sind bereits angetrunken und lustig, aber der, der zu spät kommt, versteht nicht, was denn da so lustig ist, und kann nur den Kopf schütteln. Man müsste erst in demselben Zustand sein wie diejenigen, die schon seit Stunden Party machen. Dann könnte man es besser verstehen.

Beim Motorradfahren tauchst du in die Landschaft ein, tauchst durch sie hindurch. Im Auto hingegen zieht sie tatsächlich an dir vorbei wie in einem Fernsehgerät. Man sitzt also im Auto quasi vor einem Bildschirm. Auf dem Motorrad aber bist du im Freien. Du bist dabei also frei, fühlst die Luft, die Temperaturunterschiede, nimmst die Gerüche wahr. Du bewegst dich durch Gegenden, in die du mit dem Auto nicht gelangen würdest, weil es dich nicht interessiert, dorthin zu fahren.

Vorige Woche zum Beispiel war ich mit meiner Frau zwei Tage im oberösterreichischen Mühlviertel und wir fuhren dort 700 Kilometer durch das Land, nur auf kleinen Straßen und Wegen. Wir sahen uns das Mühlviertel an und es war so ähnlich, wie man es früher zu Pferde tat, nur eben um eine Spur schneller.

Kommunikation

Soweit ich mich erinnere, war das zweite Ding, das ich im Rahmen meines Experiments „Gültige Stimme" wegließ, mein Mobiltelefon.

Kommunizieren ist ein wichtiger Teil des Lebens. Dass Menschen miteinander kommunizieren, macht Sinn. Ich kommunizierte schon immer gerne: mit Menschen in unserer Straße, im Park oder auch in Gebäuden. Es wurde stets viel geplaudert, bei uns am Gang in dem Wohnhaus, in dem ich aufwuchs. Wir hatten ein Zimmer mit Fenster zum Flur und da wurde den ganzen lieben Tag lang getratscht. Vielleicht waren es keine hochinteressanten Inhalte, die besprochen wurden, aber man kommunizierte eben miteinander, tauschte sich aus und unterhielt sich über die Vorgänge im Haus oder über Neuigkeiten.

Heutzutage haben Wohnungen keine Gangfenster mehr und man meidet das Treppenhaus, das oft nur mehr ein dunkles Loch ist und den Übergang vom eigenen Loch in das „Aufzugloch" darstellt. Man verschwindet, aus der eigenen Wohnung kommend, im Lift und hofft, dass man darin möglichst niemandem begegnet, mit dem man dann sprechen müsste. Manchen ist es regelrecht peinlich, wenn sie in den Aufzug einsteigen und dann ist dort jemand, der mitfährt. Danach verschwindet man im nächsten Loch – das ist dann die Tiefgarage, wo das Auto steht. Dieses ist wiederum ein Loch, in das man sich zurückzieht. Erst im Auto fängt dann die Kommunikation an, nämlich über das Mobiltelefon. Jetzt hat man ja erstmals Zeit, zu telefonieren, während man unterwegs ist. Bei mir war das früher ganz genauso. Autofahren war für mich immer die Zeit der Kommunikation. Das Telefonieren im Auto ist natürlich sehr bequem und hat auch den Reiz des Kriminellen, weil es ja verboten ist.

Das ist übrigens auch so eine absurde Tatsache, dass das Telefonieren während des Autofahrens verboten ist, dass es aber, wenn man eine Freisprechanlage hat, dann doch wieder erlaubt ist. Es muss wohl so sein, dass Verkehrsexperten das Halten eines Telefons als das Gefährliche sehen, nicht aber das Telefonieren an sich. Nach dieser Logik müsste auch das Halten einer Banane während des Fahrens verboten sein. Das wirklich Gefährliche am Telefonieren im Auto ist aber im Grunde, dass man durch das Gespräch abgelenkt ist. Wenn ich kommuniziere – ganz egal, ob mit meinem Beifahrer oder über das Telefon –, so kann ich das Auto nicht mehr sicher manövrieren, da ich nun einmal nicht zwei Dinge gleichzeitig tun kann. Für uns scheint es lediglich Normalität geworden zu sein, alles auf einmal zu tun.

Wenn ich mir ein Bild davon mache, wie heute kommuniziert wird, dann stelle ich fest: Es läuft nicht mehr „face-to-face" ab, also von Angesicht zu Angesicht, sondern entweder über E-Mail oder über das Mobiltelefon. Das scheint völlig normal und niemand denkt mehr darüber nach. Das Auffällige ist die kurze Zeit, in der sich die Form der Kommunikation verändert hat. Eine Generation – wenn es nicht nur eine halbe war – hat die menschliche Kommunikation komplett auf den Kopf gestellt und das hat wiederum etwas – jetzt kommen wir zum Auto zurück – mit dem Automobil zu tun. Nachdem die Menschen dort, wo sie leben, nicht mehr das vorfinden, was sie zum Leben bräuchten, müssen sie mobil sein. Das heißt, sie müssen irgendwohin fahren, um an das Lebensnotwendige zu kommen. In dem Moment, in dem sie daher ihre vertraute Umgebung verlassen, können sie mit denen, die nicht mitgefahren sind, nicht mehr kommunizieren. Das heißt, man muss eine Möglichkeit finden, um mit den Daheimgebliebenen in Kontakt zu treten. Früher hatte man zu diesem Zweck stets ein paar Münzen eingesteckt, um aus einer Telefonzelle zu Hause anrufen zu können. Dies natürlich nur, wenn man daheim ein Telefon hatte, was bei uns zum Beispiel, als ich ein Kind war, nicht der Fall war.

Später kam das Mobiltelefon und dieses hat, wie schon der Begriff „mobil" sagt, etwas mit der Mobilität zu tun. Diese Form der Mobilität, die für uns mittlerweile Normalität geworden ist, ist aber wiederum auf das Automobil zurückzuführen. Das Auto führt im Grunde nur dazu, dass wir längere Distanzen zurücklegen können, um zum Beispiel zur Arbeit, an die Orte des Konsums oder zu Freizeitangeboten zu gelangen. Wir legen also Wege zurück, die wir aufgrund ihrer Länge zu Fuß nicht zurücklegen würden. Das ist nicht immer sinnvoll.

Somit befinden wir uns auch häufig in größerer Entfernung zu unserer Basis, also zu jenem Ort, an dem wir verwurzelt sind. Durch das Mobiltelefon, das Handy, sind wir aber auch über große Distanzen hinweg nun ständig mit dieser Heimbasis verbunden.

Man kommuniziert über das Mobiltelefon sogar mit dem „Wissen" der Menschheit, sieht sich darauf Filme an, hört damit Musik, schickt private Fotos und vieles mehr. Ob sich dieses Weltkommunikationssystem nun „Internet", „E-Mail", „SMS" oder einfach „Mobiltelefonie" nennt, ist sekundär, wobei man in einem Telefonat wenigstens noch direkt mit einem anderen Menschen spricht. In einer SMS ist das bereits nicht mehr so. Mittlerweile werden via SMS Heiratsanträge gemacht und Familien gegründet. Genauso einfach kann man ebenfalls via SMS – eine Liebesbeziehung wieder beenden oder die Familie verlassen. Man schreibt einfach: „Es ist aus", und die Sache ist erledigt, ohne dass man sich dabei mit den Gefühlen des anderen Menschen konfrontieren lassen muss.

Die Geschwindigkeit der Kommunikation ist durch diese Technologien extrem erhöht. Die Steigerung davon sind dann Facebook und andere soziale Onlinenetzwerke. Dort ist es nicht einmal mehr nötig, sich mit dem eigenen Namen zu erkennen zu geben. Ein Pseudonym – ein sogenannter „Nickname" – reicht völlig aus, um mit der gesamten Welt zu „kommunizieren". Dann kannst du deinen Gesprächspartnern alles erzählen, was du willst. Nichts davon muss mehr stimmen. Das öffnet natürlich der Lüge und dem Betrug Tür und Tor.

Wir Menschen haben den Wunsch, mit anderen Lebewesen in Kontakt zu treten, zu interagieren. Wahrscheinlich deswegen, weil die Interaktion für uns schon immer überlebensnotwendig war und sich evolutionär entwickelt hat. Indem sich die Menschen als soziale Wesen untereinander verständigen, sich mit anderen absprechen, Vereinbarungen treffen und gemeinsame Pläne schmieden mussten, war Kommunikation von jeher essentiell für das Überleben unserer Spezies. Ich bin sicher, dass andere Lebewesen auf dem Planeten auch miteinander kommunizieren, wenn auch auf einer anderen Ebene als wir.

Clemens G. Arvay: Delfine zum Beispiel sind extrem hoch entwickelte Säugetiere. Erst neulich las ich in einem biologischen Fachjournal über diese faszinierenden Wesen. Delfine besitzen ein hochentwickeltes Bewusstsein und ein *Selbst*-Bewusstsein, also ein Wissen über ihre eigene Existenz, das bereits annähernd mit dem menschlichen vergleichbar ist. Betreffend die Sprache der Delfine geht die moderne Forschung davon aus, dass es in ihrer Lebenswelt nicht notwendig war, eine komplexe Sprache zu entwickeln, die unserer gleicht. Nichtsdestotrotz sind Delfine sehr intelligent.

Roland Düringer: Bei uns Menschen war es offenbar aus evolutionären Gründen notwendig, komplexe Sprachsysteme und Grammatiken zu entwickeln. Wir könnten ja ohne unsere Sprache auch nicht denken. Versuche einmal ohne Worte, ohne Buchstaben zu denken. Das ist schwierig, oder? Vielleicht ist uns die Sprache als Beweis dafür, dass man denkt, so wichtig.

Im Hinblick auf meine Kommunikationsmittel entschied ich jedenfalls im Rahmen meines Experiments, gleich einmal einige Systeme wegzulassen. Dazu gehört die E-Mail-Kommunikation. Ich verfüge über keine E-Mail-Adresse mehr. Gleich darauf kündigte ich meinen Vertrag für das Mobiltelefon und legte mir eine Festnetzleitung zu, wie es auch früher üblich war. Ich bin also nach wie vor telefonisch erreichbar, aber eben nicht immer persönlich. Natürlich rufe ich zurück, wenn ich auf meinem Anrufbeantworter Nachrichten vorfinde. Wenn ich aber nicht zu Hause bin, dann kann man mich nicht mehr jederzeit persönlich erreichen. Ich empfinde das für mich als eine sehr positive Entwicklung. Ich muss nicht *immer und sofort* erreichbar sein. Ich bin ja nicht die Feuerwehr. *(lacht)*

Clemens G. Arvay: Ich selbst bin im Jahr 1980 geboren und habe die Zeit, in der man kein Mobiltelefon hatte, ebenfalls noch miterlebt. Mein erstes Handy kaufte ich im Alter von 20 Jahren. Bis zu diesem Moment hatte ich mir nie die Frage gestellt, ob es notwendig sei, immer erreichbar zu sein oder praktisch überall telefonieren zu können. Dann, mit der Zeit, gewöhnt man sich aber an das Mobiltelefon und es schleicht sich das trügerische Gefühl ein, es gehe nicht mehr ohne. Solche Geräte schaffen also Bedürfnisse, die wir davor nicht hatten, und verändern unsere Wahrnehmung. Wir gewöhnen uns so daran, dass wir die Zeiten regelrecht vergessen, in denen wir auch ohne die Möglichkeit, ständig und überall zu telefonieren, sehr gut leben konnten. Ich würde sogar so weit gehen und sagen, dass wir gewisse Fähigkeiten, die wir früher hatten, durch Mobiltelefone verloren haben – wie zum Beispiel das vorausschauende Planen unserer Telefonkommunikation oder das Merken von Dingen, die wir unserem Gesprächspartner beim nächsten Telefonat sagen möchten, ohne die Möglichkeit zu haben, jeden Gedanken in Echtzeit via Handy zu übermitteln. Auch den Umgang mit öffentlichen Telefonen, die nicht immer verfügbar sind, haben wir verlernt.

Wir haben vergessen, dass wir auch ohne Mobiltelefon alle Lebensbereiche sehr gut im Griff hatten. Technische Neuerungen, insbesondere in der Kommunikationsbranche, sind offenbar in der Lage, in uns Bedürfnisse – auch Abhängigkeiten – zu wecken, die davor nicht da waren. Das wiederum kommt der Industrie sehr entgegen, die unser Gewohnheitsverhalten und unsere Bedürfnisse durch ihre eigenen technischen Neuerungen aktivieren kann, um diese dann im Marketing und für den Konzernprofit anzuzapfen.

Roland Düringer: Ich stamme aus einer Generation, in der es einfach keine Mobiltelefone gab. Punkt. Das Dilemma ist ja, dass die jungen und jüngsten Generationen schon mit Mobiltelefonen aufwachsen, welche für sie natürlich ganz normal sind, so wie es für mich damals völlig normal war, dass die meisten erwachsenen Menschen ein Auto besitzen. Eine Zeit ohne Autos habe ich nie miterlebt, daher gehören Autos für mich zum Leben. Ich empfinde sie als Selbstverständlichkeit, ohne sie zu hinterfragen. Das wiederum ist mein Dilemma. Mit dem Radio ist es ganz ähnlich. Zwei Generationen vor meiner eigenen war das Radio eine große Neuerung: „Wie kann es überhaupt gehen", dachten sich die Menschen wohl, „dass da einfach irgendjemand aus einem Kasten heraus spricht?" Noch früher in der Geschichte wäre es den Menschen überhaupt vollkommen unvorstellbar gewesen, dass bei ihnen zu Hause jemand aus einem Radio spricht, der gar nicht dort sitzt. Das wäre Hexerei gewesen und das Sprungbrett zu einer Karriere am Scheiterhaufen. Inzwischen ist es Normalität geworden. Das Radiohören und das Fernsehen gehören zum Leben. Ebenso ist die Kommunikation durch das Mobiltelefon etwas ganz Alltägliches geworden. Es ist nichts Besonderes mehr.

In meiner Kindheit sah ich ein einziges Mal ein Autotelefon,
nämlich als in unserer Wohngegend in Wien ein Renault 4
an einer Straßenkreuzung in eine Telefonzelle krachte. Da

wusstest du auch nicht mehr, wo das Auto aufhörte und wo
die Telefonzelle anfing. So gesehen war es ein „Autotelefon".

Später kamen die ersten echten Autotelefone auf den Markt. Im Grunde waren das ja die ersten Mobiltelefone, was wiederum sehr viel über die Abhängigkeit vom Automobil in der damaligen Zeit aussagt. Autotelefone waren Statussymbole. Wenn du ein Autotelefon hattest und im Auto erreichbar warst, dann bedeutete dies, dass du ein sehr wichtiger Mensch warst. So wichtig, dass du immer erreichbar sein musstest, und wenn man dich telefonisch nicht erreichen würde, bliebe die Erde vermutlich stehen und fiele aus der Umlaufbahn um die Sonne. Es kauften sich immer mehr Menschen solche Autotelefone, die sündhaft teuer waren. Das, was in meiner Jugend der Sportauspuff war oder die breiten Reifen oder das Sportlenkrad, war nun das ins Auto implantierte Telefon, das man präsentieren konnte, indem man im Auto damit telefonierte. Später wurden diese Geräte noch mobiler, indem sie nicht mehr fest eingebaut waren, sondern herausgenommen werden konnten.

Das war die Zeit, zu der ich zum ersten Mal in diesen Wahnsinn des Mobiltelefonierens einstieg. Ich kaufte etwa am Ende der Achtziger für viel Geld einen Kasten mit einem Akku und einem kleinen Hörer darauf. Alleine der Akku, der bei solchen Telefonen viel größer war als das Telefon selbst, kostete ein kleines Vermögen. Das Ding sah aus wie ein Tischtelefon und konnte an den Zigarettenanzünder im Auto angeschlossen werden, um den Akku zu laden. In einem kleinen Koffer konntest du das Telefon aber transportieren und auch außerhalb des Autos benutzen. Dumm war nur, dass ich trotzdem nur selten erreichbar war. Das Netz war kaum ausgebaut. Warum also hatte ich mir ein solches Automobiltelefon zugelegt? Ganz einfach, um mir persönlich eine gewisse Wichtigkeit zu verpassen.

Mit der Zeit wurden diese Geräte kleiner und ließen sich bald einstecken, ich musste natürlich auch sofort eines haben. Da fing es dann so richtig an: In Restaurants und Lokalen oder auch in Büros und Geschäften sah man die Telefone auf den Tischen liegen, weil sie von „wichtigen" Leuten dorthin gelegt worden waren, um ihre „Wichtigkeit" nach außen zu zeigen. Das Autotelefon hatte man den anderen ja nur dann präsentieren können, wenn jemand im Auto mitgefahren war. Und das Auto hatte man zum Beispiel bei Besprechungen nur schwerlich in ein Gebäude mitnehmen können, um zu demonstrieren: „Seht nur, ich habe ein Autotelefon!"

Zu Beginn waren diese Geräte also noch absolute Statussymbole, auch weil sie teuer waren. Das hat sich mittlerweile geändert. Mobiltelefone sind Teil des Alltags, sie gehören quasi zum Leben. Die Entwicklung war ein Selbstläufer und musste von der Industrie nur gestartet werden, indem das Bedürfnis erzeugt wurde, immer und überall erreichbar zu sein. Wohin uns das geführt hat, sehen wir heute: Das Handy erhöht das Stressniveau. Es läutet pausenlos, sofern man es nicht ausschaltet. Wenn dich jemand anruft, lässt er es mitunter nur zweimal läuten und geht davon aus, dass du zurückrufen wirst. Tust du das nicht innerhalb von drei Minuten, ruft er dich noch einmal an und sagt womöglich: „Was ist los? Hast du nicht gesehen, dass ich angerufen habe?" Das Mobiltelefon beschleunigt ohne Zweifel unser Alltagsleben und ist ein Säbelzahntiger, der uns durch den Großstadtdschungel hetzt. Obwohl die Idee und die Möglichkeit, allerorts in dringlichen Fällen kommunizieren zu können, durchaus gut sind, ist dieses Vorhaben – so wie viele andere gute Ideen von klugen Leuten – nach hinten losgegangen.

Wir müssen dabei an die Strahlung noch gar nicht denken, über die Experten nach wie vor streiten und deren Auswirkungen auf die Gesundheit noch immer nicht geklärt sind.

Clemens G. Arvay: Die Österreichische Ärztekammer und andere Institutionen des Gesundheitswesens, natürlich auch in Deutschland, haben sich allerdings ganz klar positioniert und warnen vor gesundheitsschädigenden Auswirkungen des Mobiltelefons. Handystrahlung führe zu einem statistisch signifikanten Anstieg von Tumorerkrankungen – zu diesem Ergebnis kommen einige Studien.

Roland Düringer: Es gibt natürlich auch Studien, die sagen, es passiert nichts. Es ist aber im Grunde egal, denn selbst *falls* die Strahlungen keinen Krebs erzeugen und die Gesundheit nicht beeinträchtigen sollten, kann das Mobiltelefon meiner Meinung nach dennoch Krebs hervorbringen, weil du damit ständig unter Stress stehst, und dieser dein Immunsystem langfristig schwächt. Diese Technologie würde uns auch dann nicht wohltun, wenn sie nicht mit Strahlung verbunden wäre. Der kritische Punkt ist, zu erkennen, bis zu welchem Punkt das Gerät uns noch dient und ab wann *wir* dem Gerät dienen, das uns zu bestimmten Verhaltensweisen zwingt. Wenn es erst so weit ist, dass du aus dem Haus gehst und auf dem Weg zum Auto merkst: „Verdammt, ich habe das Handy vergessen", und dann zurückläufst, um es zu holen, dann weißt du, dass das Handy gewonnen hat. Die meisten Menschen haben ihr Mobiltelefon einfach immer dabei und werden nervös, wenn sie es vergessen haben. Dabei haben wir früher sehr gut ohne dieses Ding gelebt, haben aber im Nachhinein das Gefühl, als würde ohne solche technischen Errungenschaften nichts mehr gehen.

Diese Entwicklung wird natürlich weitergehen und wir werden immer mehr Technologien anhäufen, nach denen heute niemand verlangt, die uns aber später als unverzichtbar erscheinen werden.

Hier in diesem Raum, in dem wir sitzen, sind zum Beispiel alle Radiosender und alle Fernsehsender vorhanden. Was uns im Moment fehlt, ist lediglich der Kasten, der sie empfangen kann.

Hier spielt gerade Radiomusik und es laufen die Nachrichten. Ich bräuchte nur den nötigen Kasten dazu, an dem ich Sender und Frequenz wähle, und dann könnte ich das alles hören. Wenn ich das Gerät aber nicht besitze, nehme ich nichts von alledem wahr. Vielleicht geht die Entwicklung unserer Kommunikation so weiter, dass wir eines Tages auch ohne Telefon miteinander kommunizieren können, weil wir den Empfänger bereits implantiert haben, oder dass wir überhaupt kein Gerät mehr benötigen, um die Frequenzen zu empfangen.

Clemens G. Arvay: Denkst du dabei an so etwas wie Telepathie?

Roland Düringer: Ich nenne es einmal vorsichtig „eine andere Art der Kommunikation". Ich könnte mir durchaus vorstellen, dass es den Menschen in einer vergangenen Zeit möglich war, auf Ebenen miteinander zu kommunizieren, die uns heute verborgen sind. Genauso kommunizieren Tiere auf einer Ebene, die wir nicht verstehen. Sie sind miteinander verbunden, auch die Pflanzen, nicht wahr? Wenn der Löwenzahn hier im April auf der Wiese zu blühen anfängt, dann ist das nicht so, dass ein Löwenzahn herauskommt und einen Weckruf startet: „Freunde, auf geht's, wir müssen zu blühen anfangen!", sondern alle entfalten etwa zur selben Zeit ihre Blüten. Das geschieht aber nicht bloß auf *einer* Wiese, sondern überall. Der Löwenzahn kommt überall zur selben Zeit hervor. Wie kann ich das deuten? Offenbar stehen diese Pflanzen miteinander in Verbindung. Sie kommunizieren auf einer Ebene miteinander, die wir nicht verstehen. Vielleicht sind sie über den Kosmos miteinander verbunden.

Clemens G. Arvay: Es spricht nun der Biologe aus mir, wenn ich sage: Ich wäre mit solchen Interpretationen etwas vorsichtiger.

Die Bedingungen, die für den Löwenzahn zu einem bestimmten Zeitpunkt günstig sind, um Blüten zu bilden, treten nun einmal in der jeweiligen Region überall etwa zum selben Zeitpunkt ein. Löwenzahn in Norddeutschland blüht nicht unbedingt zur selben Zeit wie Löwenzahn in Bayern oder in Niederösterreich. Wenn in einer bestimmten *Region* die Bedingungen für eine bestimmte Pflanze günstig sind, um herauszukommen, dann wird diese Pflanze darauf reagieren. Jede Löwenzahnpflanze – um beim Beispiel zu bleiben – hat dieselben Ansprüche an die Umwelt, um in die Blüte zu investieren. Daher wird der Großteil dieser Spezies in einer Region etwa zur selben Zeit die jeweils selben Entwicklungsschritte durchmachen. Wir werden aber immer wieder auch einzelne Löwenzähne finden, die früher oder später blühen, oder wir werden feststellen, dass auf ein und derselben Wiese die Pflanzen in Schattenlage später dran sind als jene in sonnigeren Bereichen.

Man denke beispielsweise an die wunderschönen Frühjahrsblüher im Wald unter Bäumen, die mit ihren Zwiebeln den Winter unterirdisch überstehen. Wenn die Sonne ihre ersten warmen Strahlen auf den Erdboden sendet, reagieren diese Pflanzen. Sie nutzen nämlich ein ganz bestimmtes Zeitfenster, um zu blühen, in dem die Sonne bereits ausreichend Kraft hat, während die Bäume aber noch kein Laub tragen. Nur dann gelangt ausreichend Sonnenlicht durch die Baumkronen bis zum Waldboden und die Frühjahrsblüher sind daher auf dieses Zeitfenster angewiesen – sie haben sich im Laufe der Evolution darauf spezialisiert, die Nische zu besiedeln. Danach blühen sie relativ rasch wieder ab, praktisch alle auf einmal. Die Umweltbedingungen geben den Rhythmus vor.

Wir wissen aber, dass es tatsächlich eine Art der pflanzlichen Kommunikation gibt, welche die Biologie mittlerweile recht ausführlich untersucht hat. Pflanzen kommunizieren über Botenstoffe miteinander, die sich sowohl positiv – also unterstützend – als auch negativ auf andere Pflanzen auswirken. Wenn Pflanzen einander vergiften, um die Konkurrenz zu beseitigen, so spricht man von „Allelopathie". Es werden Stoffe abgegeben, die anderen Pflanzen oder Tieren schaden, um das eigene Territorium zu verteidigen. Andererseits gibt es natürlich auch Botenstoffe, die ausgesendet werden, um andere Pflanzen zu fördern oder ihnen Information zur Verfügung zu stellen. Das wiederum ist etwas gänzlich anderes als Telepathie – ich benutze diesen Begriff jetzt einfach. Es ist auch sehr fraglich, ob es sich um *bewusste* Kommunikation wie bei uns Menschen und wie bei vielen Tieren handelt.

Ich vergleiche diese Vorgänge oft mit jenen, die in unserem Verdauungssystem ablaufen. Mein Magen und mein Darm nehmen physikalische und chemische Reize auf und reagieren aktiv darauf, zum Beispiel durch die Abgabe von Verdauungssäften, eines Enzymcocktails und anderer Substanzen. Schon im Mund werden die Reize durch die Aufnahme der Nahrung registriert und über mein Nervensystem wird über Botenstoffe die Verdauung vorbereitet. Obwohl es sich dabei eindeutig um Kommunikationsprozesse handelt, die wie bei den Pflanzen physikalisch und chemisch initiiert sind, würde ich darin kein *bewusstes* Kommunizieren sehen, außer ich spreche jedem einzelnen meiner Organe, auch dem „kommunizierenden" Magen, ein eigenständiges Bewusstsein zu, was schwer argumentierbar ist.

Roland Düringer: Ja, vielleicht ist es auf Basis deines Wissensstandes schwer argumentierbar. Das ist, was du als Biologe gelernt hast. Aber besteht nicht die Möglichkeit, dass jede unserer Zellen ein eigenes Bewusstsein hat? Oder besteht nicht sogar die Möglichkeit, dass das, was wir als Bewusstsein bezeichnen, sich außerhalb unseres Körpers befindet?

Clemens Arvay: Das ist durchaus möglich, wobei ich mich in meiner Aussage nicht nur auf meinen Beruf des Biologen bezogen habe, sondern auch auf meine Erfahrungen als Lebewesen, auf mein Gefühl für den menschlichen Körper. Es würde, glaube ich, aber jetzt zu weit führen und den Rahmen sprengen, dieses Fass zu öffnen. Das mit der Telepathie finde ich dennoch spannend. Jeder von uns kennt diese Momente, in denen man beispielsweise zum Telefon greift, um jemanden anzurufen, und just im selben Moment ruft diese Person von sich aus an. Man hat dann das Gefühl, dass dies kein Zufall sein könne. In der Regel passiert so etwas nur zwischen Menschen, die einander sehr nahestehen. Das Phänomen wurde in psychologischen Experimenten schon oft untersucht, wobei sich bisher nie bestätigt hat, dass wir auf der telepathischen Ebene miteinander kommunizieren können. Interessanterweise liegen bei solchen Tests die Treffer beim intuitiven „Spüren" von Information oder Eindrücken, die einer anderen Person nur introspektiv – also in ihrem Inneren – zugänglich sind, gelegentlich leicht über der Zufallsquote beim Raten, erreichen aber niemals ein signifikantes Niveau, ab dem man schlussfolgern könnte, es gäbe so etwas wie die Fähigkeit zur gezielten oder absichtlichen telepathischen Kommunikation[8].

Roland Düringer: Ich bin bei solchen Dingen auch ein wenig vorsichtig. Wenn wir an eine uns nahestehende Person denken und in diesem Moment ruft sie an, könnten wir uns auch fragen: „Wie oft habe ich schon an sie gedacht, und sie hat mich *nicht* angerufen?" Gerade deswegen, weil solche Dinge eher mit nahestehenden Personen passieren, mit denen man häufig kommuniziert, ist eben auch die Chance viel höher, dass du zufällig gerade dann an den Menschen denkst, wenn er anruft. Solche Zufälle passieren, aber man kann sie auch als telepathische Verbindungen deuten.

---

8   Alles fauler Zauber? Das Übersinnliche auf dem Prüfstand. Sendung vom 04.07.2012, SWR (Südwestrundfunk).

Vielleicht gibt es tatsächlich so etwas wie Telepathie, vielleicht aber auch nicht. Das ist relativ bedeutungslos.

Wir können ohnehin immer nur von unserem aktuellen Wissensstand ausgehen. Wir haben keine Ahnung, was noch alles zu entdecken sein wird oder eben nicht. Wir wissen es nicht. Auch, wie wir in Zukunft kommunizieren werden, wissen wir nicht.

Da ich ja jetzt mit öffentlichen Verkehrsmitteln unterwegs bin, kann ich Menschen häufig beim Kommunizieren beobachten. Wenn du in der U-Bahn sitzt oder an der Straße entlanggehst, hat sicher irgendjemand irgendein Gerät in der Hand und entweder spricht er hinein oder er drückt darauf herum, schreibt eine SMS oder eine E-Mail, oder hat lärmende Knöpfe im Ohr. Ich empfinde es als eine schräge Situation, wenn man in einen Raum kommt, in dem alle mit irgendjemandem kommunizieren, nur nicht mit den anderen, die sich in dem Raum aufhalten. Sie hängen am Telefon und jeder ist praktisch von der realen Welt abgetrennt. So etwas ist doch ein wenig traurig, oder? Es wäre doch das Einfachste der Welt, in der U-Bahn mit den Menschen zu kommunizieren, die auch wirklich *dort* sind.

Wir wollen also kommunizieren, getrauen es uns aber nicht mehr von Angesicht zu Angesicht, weshalb wir diese Prothese – diese Kommunikationsprothese – benötigen, die wie „Mobiltelefon" oder „Handy" nennen.

Mit dieser Kommunikationsprothese vergessen die Menschen aber oft, dass sie sich in einem Raum mit anderen Menschen befinden. Dasselbe Phänomen beobachten wir im Auto. Wenn du in dein Auto einsteigst, machst du die Türen zu, stellst vielleicht noch das Radio an, dann bist du in deinem privaten Raum. Du hast aber lediglich das *Gefühl* der Privatheit und dieses Gefühl betrügt dich, da ja viele Leute in dein Auto hineinsehen. Dennoch verhalten wir uns im Auto so, als wären wir privat, also so, als wären wir unbeobachtet. Manche bohren dann in der Nase oder schminken sich, furzen in den Sitz, oder was auch immer. Beim Telefonieren im Auto geschieht genau dasselbe. Aber nicht nur im Auto, auch auf der Straße scheint uns unser Handy unsichtbar und unhörbar zu machen. Mitten im öffentlichen Raum, vermeintlich unbeobachtet, werden zum Beispiel übers Telefon Konflikte ausgetragen und dabei wird wild gestikuliert. Alleine diese Vorstellung wäre für mich in den 1970er-Jahren, als ich ein Kind war, vollkommen absurd gewesen. Wenn die Leute damals in eine Telefonzelle gingen, wollten sie auf keinen Fall, dass jemand von ihren Gesprächen etwas mitbekommt. Öffentliche Telefonzellen waren mit Türen versehen, die man beim Telefonieren hinter sich verschloss. Ich erinnere mich an die schweren Flügeltüren, die nach dem Betreten automatisch zufielen, schwerfällig und laut. Es handelte sich um schallgedämpfte Räume, aus denen andere Menschen, die davorstanden und warteten, nichts hören oder verstehen konnten. Später baute man diese weitaus kostengünstigeren Kuppeln aus Plexiglas rund um die öffentlichen Telefone. Auch diese dienten noch als Schallschutz. Zu Zeiten der Telefonzelle war es unvorstellbar, dass jemand deinem Privatgespräch einfach zuhört. Das Gesprochene ging niemanden auf der Welt etwas an. Heutzutage ist uns das vollkommen egal.

Jede Befindlichkeit wird sofort am Telefon mitgeteilt und man hat kaum mehr Hemmungen, Privates vor unzähligen Ohren auszutragen, wie zum Beispiel in der U-Bahn. Beim SMS-Schreiben ist es genau dasselbe: Es kann dir jeder über die Schulter sehen und mitlesen, was du da tippst.

Während das Auto ein Teil meiner Lebensgeschichte ist, gilt das für das Telefon nicht. Telefone, vor allem Mobiltelefone, tauchten in meiner Entwicklung erst relativ spät auf. Sie waren etwas Fremdartiges für mich, etwas Neues, das ich erst unter die Lupe nehmen musste.

Der Verzicht auf das Mobiltelefon war daher für mich weniger einschneidend als der Verzicht auf das Auto, mit dem ich einen Teil meiner persönlichen Geschichte loslassen musste. Ich habe grundsätzlich nichts gegen Autos, überhaupt nichts. Noch immer stehen einige alte Autos in meiner Garage, weil mir diese als Objekte gefallen. Ich zweifle lediglich sehr an der Art und Weise, wie wir das Automobil benutzen. Dasselbe gilt für Mobiltelefone: Ich habe nichts Grundsätzliches gegen sie, es handelt sich um eine hilfreiche Erfindung.

Dazu möchte ich über ein Erlebnis berichten: Neulich war ich gemeinsam mit Freunden mit dem Motorrad unterwegs und auch meine Frau, Regine, war mit von der Partie. Unterwegs ging bei ihrem Motorrad ein Radlager kaputt, während wir irgendwo tief im Grenzland zwischen Waldviertel und Mühlviertel umherstreiften, in einer abgelegenen Region in Niederösterreich. Wir standen um halb fünf am späten Nachmittag in einer kleinen, abgeschiedenen Ortschaft namens Liebenau und konnten nicht weiterfahren. Die Radlager waren zerrieben. Nachdem wir eine KFZ-Werkstatt gefunden hatten, fragten wir dort nach einem Radlager. Natürlich gab es kein passendes, da wir es mit einer Autowerkstatt zu tun hatten. Zufälligerweise war aber in der Ortschaft tatsächlich ein Motorradhändler ansässig, zu dem wir sofort fuhren. Der Chef war nicht da und eine Vertretung stand im Laden, die nur bedingt über das Ersatzteillager und den Lagerstand Bescheid wusste. Er konnte nicht sagen, ob das passende Radlager verfügbar war, zumal der Händler völlig andere Motorradtypen vertrieb. Was er uns geben konnte, war ein Rat: „Es gibt in unserer Ortschaft einen Reifenhändler mit Werkstatt, in der Reifen und Bremsen repariert werden. Vielleicht kann euch dort jemand weiterhelfen". Wir fuhren hin, waren aber wieder erfolglos. Vor allem hätten wir wissen müssen, welcher Typ von Radlager in Regines Motorrad eingebaut war.

Dazu gibt es eine Seriennummer und wenn man diese kennt, ist die Suche einfacher.

Schließlich packte einer unserer Freunde still und heimlich sein iPhone aus und gab, ohne dass wir es bemerkten, „Yamaha XJR 1300 Ersatzteilnummer Radlager hinten" im Internet in die Suchmaschine ein. Innerhalb von drei Minuten kannte er die Seriennummer des Radlagers, mit der wir dann zu dem Motorradgeschäft zurückfuhren, in dem wir schon gewesen waren, und wo der Verkäufer uns zuvor nicht hatte helfen können. Mit der richtigen Ersatzteilnummer konnte er nun agieren. Er rief seinen zu dieser Zeit in Frankreich bei einem Motorrad-Bergrennen weilenden Chef am Handy an, um uns danach die frohe Botschaft zu übermitteln, dass in einem der Regale die Radlager zu finden waren. Eine Stunde später waren wir wieder unterwegs.

Ohne Mobiltelefon wäre uns dies nicht gelungen. In gewissen Lebenslagen ist diese Erfindung sehr sinnvoll, wir müssen uns aber die Möglichkeit vorbehalten, eigene klare Regeln für ihre Benutzung aufzustellen – aber eben *eigene* Regeln! Es geht nicht darum, dass uns jemand anderes diese Regeln aufbrummt, sondern dass wir selbst gründlich entscheiden, wie wir gewisse Dinge benutzen und wie nicht. Dabei geht es nicht nur um technische Geräte. „Die Dosis macht das Gift", so sagt man. Und zum Glück habe ich die Kraft, die Energie und den Willen, mir meine eigenen Regeln zu basteln und nach meinem persönlichen Kodex zu leben – immer vorausgesetzt, dass ich damit niemandem schade und dem Leben diene. Für mich bedeutet Freiheit, Verantwortung zu übernehmen.

Das Allerwichtigste, das man über die Freiheit wissen sollte, ist, dass Freiheit nicht bedeutet, zu tun und zu lassen, was man gerade will. Freiheit bedeutet: „Ich trage große

*Verantwortung, weil ich ein freier Mensch bin." Es geht um
Verantwortung für andere Menschen, für uns selbst und für
Dinge, die uns anvertraut wurden. Ein freies Leben ist oft ein
unbequemes Leben.*

Ein wirklich freies Leben zu führen bedeutet, Mut zur Verantwortung zu haben. Ein sicheres Leben ist wiederum etwas anders. Dazu muss man nicht unbedingt Verantwortung übernehmen. Gibt man die Verantwortung ab, so kann man noch immer ein Leben in vermeintlicher Sicherheit führen. Ein freies Leben kann niemals ein sicheres Leben sein und umgekehrt.

So empfinde ich es beispielsweise als große Freiheit, mir die klare Regel zu schaffen, nur mehr einmal pro Woche Kaffee zu trinken, und das ist dann mein Sonntagskaffee. Ansonsten verzichte ich auf dieses Genussmittel, sofern ich nicht gerade im Urlaub bin. Dann nämlich trinke ich meinen Einspänner – das ist Kaffee mit geschlagener Sahne – auch öfter. Indem ich aber ansonsten meiner eigenen Regel folge, nur einmal pro Woche Kaffee zu trinken, wird dieser Genuss zu etwas Besonderem. Es wird zu einem Geschmackserlebnis der speziellen Art, und ist dann auch nicht schädlich.

Trinke ich hingegen täglich viermal Kaffee, ein guter Grund für eine Arbeitspause, dann wird dies möglicherweise langfristig meiner Gesundheit schaden. Und so ist es bei allen Dingen.

Ein anderes Beispiel: Ich trinke seit Monaten kaum Alkohol mehr und schätze diese Unabhängigkeit, die ich dank meines freien Willens erlangt habe. Es ist ein tolles Gefühl, zu wissen, dass ich jederzeit und überall Kaffee oder Alkohol trinken könnte, jedoch die Freiheit habe zu sagen: „Nein". Ich genieße dadurch in meinem Leben mehr Souveränität über meine Entscheidungen.

Es ist auch ein Zeichen der Freiheit, in ein Shoppingcenter zu gehen, acht Stunden darin zu verbringen und dort nichts zu entde-

cken, was ich haben will. Hineinzugehen und dem Drang nachzu-
geben, etwas zu kaufen, ist hingegen keine Freiheit. Selbstbestim-
mung und Eigenverantwortung: Damit fängt ein freies Leben an.
Es ist wichtig, mit sich selbst gut umgehen zu können, das eigene Wesen zu kennen. Es macht einen Unterschied, ob *ich* denke
oder ob da nur etwas in mir drinnen steckt, das denkt. Wir müssen
uns das, was dann in uns denkt, genau ansehen: „Aha", sage ich
dann, „mein Gehirn denkt gerade in mir, aber es ist nichts weiter
passiert. Es sind lediglich Gedanken, Bilder im Kopf." Wenn ich
mich manchmal einfach aus mir herausbegebe und mein Denken
und Handeln von außen beobachte, dann ist bereits das ein Gefühl
von Freiheit. Ich bin dann nicht mehr in meinem Wesen gefangen.
Verstehen wir erst, dass unsere Gewohnheiten nicht für immer und
ewig wie in Stein gemeißelt sind, dann können wir blitzartig etwas
an uns verändern. Sich bewusst zu verändern bedeutet aber nicht,
dadurch seine Identität zu verlieren. Man ist weiterhin, wer man
ist, aber eben verändert.

Diese Gedanken kann man auch auf das Mobiltelefon umlegen.
Ich kann jederzeit die Entscheidung treffen, mein Handy zu nehmen, es zum Fenster rauszuwerfen und nie wieder ein neues zu
kaufen. Das wäre letztlich sogar einfacher, als zu sagen: „Ich behal-
te mein Mobiltelefon, benutze es aber ab sofort sinnvoll und wohl-
überlegt".

Die Gesellschaft hätte es nur schwer akzeptiert, wenn ich meine Mobiltelefonnummer behalten hätte, aber unter dieser kaum
mehr erreichbar gewesen wäre. Wenn du aber sagst: „Ich habe mein
Handy zum Fenster hinausgeworfen", dann bleibt den anderen
nichts anderes übrig, als zu akzeptieren, dass du nicht mehr mit
dem Handy telefonierst. Punkt.

Das ist vergleichbar mit der Situation, in der du sagst: „Tut mir
leid, ich bin vom 13. Juli bis 16. August auf Urlaub und dann wieder

für Sie erreichbar". Das akzeptiert jeder. Sagst du hingegen: „Ich brauche jetzt vier Wochen Ruhe", fährst aber dabei nicht weg, sondern bleibst daheim, dann könnte es anderen schwerfallen, deinen Wunsch ernstzunehmen. Man muss eine sehr starke Persönlichkeit sein, um zu Hause Urlaub machen zu können. Das braucht wirklich Kraft und Konsequenz.

Aus diesem Grund habe ich für mein Experiment klare Linien gezogen. Alle, die davon hören, wissen: „Düringer spinnt derzeit ein bisschen. Er macht einen Selbstversuch, hat kein Handy mehr, keine E-Mail-Adresse." Damit ist klar: Man kann mir keine E-Mails senden und mich mobil nicht erreichen. Es erwartet daher auch niemand, dass ich ständig zurückrufe, wenn mein Display einen Anruf in Abwesenheit anzeigt, und niemand kann mir böse sein. Hätte ich jedoch noch E-Mail-Adresse und Mobiltelefon, würde aber deren Gebrauch reduzieren und manchmal auch nicht antworten, so wären manche Menschen vielleicht sogar beleidigt.

Clemens G. Arvay: Hat der Verzicht auf das Mobiltelefon dein Leben in manchen Bereichen im ganz besonders positiven Sinn beeinflusst?

Roland Düringer: Ich empfinde es als besonders angenehm, wenn ich irgendwo im öffentlichen Raum bin und es läutet ein Handy. Dann weiß ich ganz genau, dass es *nicht* meines ist, während andere nervös in ihren Taschen kramen. Es kommt außerdem kaum mehr vor, dass jemand verspätet auftaucht, wenn wir einen Zeit- und Treffpunkt vereinbart haben. Wenn man sich mit jemandem trifft, der mobil nicht erreichbar ist, muss man sich an die Vereinbarungen halten. Man kann nicht eine Viertelstunde davor anrufen: „Ich bin gerade noch hier oder dort, ich erledige noch schnell dieses oder jenes."

Heutzutage fallen durch das Mobiltelefon auch die Verbindlichkeiten weg. Man weiß ja, dass man jederzeit von unterwegs anrufen kann, wenn man sich verspätet. Es gibt kaum mehr Notwendigkeit, pünktlich zu sein.

Wenn ich nicht zu Hause bin, erreicht man mich nur zeitverzögert, das heißt, man kann auf meinem Anrufbeantworter eine Nachricht hinterlassen. Diesbezüglich hatte ich die Befürchtung, dass der Anrufbeantworter jeden Tag vollgeschwafelt sein wird. Das ist er aber nicht. Manchmal schalte ich ihn auch einfach aus. Wenn ich zum Beispiel mehrere Tage mit dem Motorrad unterwegs bin, ist es nicht mehr sinnvoll, nach meiner Rückkehr 25 Nachrichten anhören zu müssen.

Clemens G. Arvay: Kommunikationsexperten beobachten, wie durch die massive Nutzung von SMS – also von reinen Textnachrichten – auch die Sprache leidet, die Ausdrucksform, die Rechtschreibung. Dies soll vor allem für Jugendliche gelten. SMS-Nachrichten werden ja häufig auf eine Weise geschrieben, die gegen alle Regeln des sprachlichen Ausdrucks verstößt. Es steht die Befürchtung im Raum, dass dadurch auch die gesprochene und geschriebene Sprache in anderen Lebenssituation beeinträchtigt wird.

Roland Düringer: In diesem Punkt versuche ich, etwas gnädiger zu sein. Meine Tochter ist zwölf Jahre alt und wenn ich so spreche, wie es mir in die Wiege gelegt worden ist, also im Dialekt, dann versteht sie mich nicht. Obwohl ich nicht aus irgendeinem abgeschiedenen Dorf in Vorarlberg komme, sondern Wiener bin, versteht mich meine Tochter, die in Wien zur Schule geht, nicht.

Ich glaube, das liegt auch daran, dass sie mit der Sprache aus TV und Radio aufwächst, mit der Sprache des Internets. Das heißt, meine Tochter spricht eigentlich Hochdeutsch mit leicht österreichischer Färbung, aber viele Worte, die sie benutzt, gibt es in meinem Sprachschatz nicht und umgekehrt. Das ist ganz normal. Ich werfe ihr das nicht vor. Ich bin nicht beleidigt, dass meine Tochter nicht so spricht wie ich und würde sie nicht dazu anhalten, meinen Dialekt zu erlernen. Solange wir einander verstehen können, ist es mir gleichgültig, wie meine Tochter spricht. Insofern ist es für mich auch kein Aufreger, dass die Jugendlichen per SMS eine Sprache benutzen, die ich nicht mehr verstehe. Es reicht in diesem Fall, wenn sie *einander* verstehen.

Mir ist es lieber, jemand schreibt *inhaltlich* richtig, anstatt Schwachsinn zu verzapfen, und macht dafür ein paar Rechtschreibfehler oder verwendet einzelne Wörter, die es eigentlich gar nicht gibt.

Einer meiner Freunde, der Philosoph Eugen Maria Schulak, ist etwas verzweifelt darüber, dass der Großteil seiner Studenten nicht einmal mehr rechtschreiben kann. Sie studieren Philosophie, sind aber der deutschen Sprache nicht mächtig. Eugen empfindet das als Katastrophe. In meinem Beruf aber ist die Rechtschreibung und Korrektheit nicht ganz so wichtig. Ich muss als Schauspieler hingegen verschiedene Sprachen sprechen, nämlich die Sprachen der Figuren. Ich persönlich könnte aber keinen Anwaltsbrief lesen und verstehen, ebenso wenig wie einen Arztbrief oder ein Schreiben in Amtsdeutsch. Dahinter steckt natürlich System, denn wenn du eine eigene Sprache entwickelst, die nur von Insidern entschlüsselt werden kann, dann schließt du damit andere aus.

Kurz noch zur E-Mail: Sie ersetzt das geschriebene Brieflein, macht die Kommunikation immens schnelllebig – auch kurzlebig –, bietet aber viel mehr Möglichkeiten als ein Brief. Ich denke daran, wie einfach man Fotos, Filme, Musik und andere Medien via E-Mail versenden kann. Die E-Mail ersetzt also den Brief, weitet dessen Möglichkeiten aus, und es ist einfacher zu e-mailen, als einen Brief zu verfassen. Man muss nicht schön schreiben können und braucht nicht einmal mehr die Rechtschreibung zu beherrschen, da es ja ein Programm gibt, das Fehler markiert und ausbessert. Mit einer E-Mail muss man auch nicht mehr zum Postamt gehen. Darum versenden die Menschen solche Fluten an E-Mails. Es ist bequem und unterstützt so unseren Drang zur Interaktion.

Ich unterhielt mich einmal mit einem Banker, der für ein großes, internationales Unternehmen arbeitete. Er erzählte mir, dass ihm aufgrund der hohen Anzahl der internen E-Mails, die er täglich erhält, pro E-Mail nur etwa 30 Sekunden Zeit zur Verfügung stehen, um sie zu lesen und kurz zu beantworten. Wenn er das in 30 Sekunden nicht schafft, leitet er die Nachricht sofort an jemand anderen weiter, der vielleicht die Antwort darauf weiß. Welche Art der Kommunikation soll das sein, wenn ich nur mehr 30 Sekunden Zeit habe, um mich mit einer Frage zu beschäftigen und darauf zu antworten. Über die Antwort nachzudenken ist dann nicht mehr drin. So kann es einfach nicht sein. Mit Kommunikation im guten Sinne hat das nichts mehr zu tun.

Weil ich keine E-Mail-Adresse mehr besitze, und das auch alle wissen, erhalte ich wieder mehr Briefe. Diese sind teilweise handgeschrieben. Es kommt immer wieder vor, dass sich die Verfasser für ihre Handschrift vorausschauend entschuldigen: „Ich entschuldige mich gleich einmal für meine schreckliche Schrift, aber ich habe seit vielen Jahren keinen Brief mehr von Hand geschrieben und ich finde es total lustig, dass ich jetzt wieder einen verfasse."

Wenn du einen handgeschriebenen Brief erhältst, dann siehst du schon, wenn du den Brief vor dir liegen hast, welche Persönlichkeit ihn geschrieben haben könnte. Du kannst aus dem Schriftbild, aus der gewählten Schriftfarbe und anhand des Papiers schon ein wenig über den Schreiber oder die Schreiberin herauslesen. Auch die Rechtschreibfehler oder die Einteilung des Papierblattes sagen etwas aus. Jeder handgeschriebene Brief erzählt bereits ungelesen eine Geschichte, E-Mails tun das hingegen nicht. Dafür kann man mit ihrer Hilfe blenden und täuschen.

Da gibt es dann noch die zahlreichen digitalen Hilferufe aus der virtuellen an die reale Welt. Oft ein verzweifeltes „Ich bin auch noch da. Ich habe etwas zu sagen, bitte sprecht mit mir. Hört mir zu, auch wenn ich nur Schwachsinn verzapfe, und seid mir bitte Freund oder Feind." Es sind die lautlosen Schreie nach Anerkennung und Aufmerksamkeit: Bloggen und Kommentieren. Wilde Wortgefechte und Beleidigungen im Schutze der Anonymität, und ohne sich der Gefahr auszusetzen, ein blaues Auge zu kassieren. Dem Mutigen gehört die Welt, den anderen bleibt der Blog, der Unterschlupf.

Diese Form der Kommunikation ist mir fremd und auch nicht nachvollziehbar und für mich ein Zeichen von Mangel und auch Einsamkeit. Im Netz gibt's zwar keine Ohrfeigen, aber auch keine Streicheleinheiten.

Technik

Clemens G. Arvay: Ich zum Beispiel wäre vermutlich in der Lage, deinem Vorbild zu folgen und das Mobiltelefon aus meinem Leben zu verbannen. Als Buchautor hätte ich recht gute Voraussetzungen dafür, vor allem dann, wenn ich erst meinen Vorsatz verwirklicht habe, neben Sachbüchern auch Romane zu schreiben. Derzeit gehen all meinen Büchern noch aufwändige, investigative Recherchearbeiten voraus, für die ich oft monatelang am Stück unterwegs bin. Beim künstlerischen Schreiben, bei dem diese Recherchen meist wegfallen, wäre das Handy ohne Weiteres entbehrlich. Selbst der Verzicht aufs Internet wäre ohne große Abstriche möglich. Man schreibt dann „offline" von zu Hause aus, weil ja Fantasie und Kreativität zum Glück auch ohne Internet funktionieren. Das fertige Manuskript könnte man ebenso gut auf einem Datenträger per Post an den Verlag senden. Diese Situation strebe ich an.

Es gibt gewisse Berufsgruppen, die in solchen Belangen privilegiert sind. Bei anderen ist das nicht so. Die Technologien haben sich ja mit der Gesellschaft und den Berufen entwickelt und umgekehrt, die Berufe mit den Technologien. Das scheint so miteinander verwoben zu sein, dass manche Tätigkeiten wirklich nur mehr mit der entsprechenden Technik ausgeübt werden können. Die Abhängigkeit vom Mobiltelefon gehört für manche vermutlich ebenfalls zum beruflichen Alltag.

Roland Düringer: Es besteht für bestimmte Berufsgruppen generell eine starke Abhängigkeit von der Elektronik. Ich persönlich bin kein Elektronikfreund. Sie ist etwas, das irgendwann auch in mein Leben eingedrungen ist. Ich muss mich daher mit einer Sache befassen, die mir sehr fremd ist, die ich nicht verstehe.

Ich habe ja, wie ich schon sagte, den Maschinenbau erlernt, und aufgrund dessen sind mechanische Abläufe für mich gut durchschaubar. Wenn ich mir ein Elektrobauteil ansehe, ist mir völlig unklar, wie und weshalb das Ding funktioniert. Wenn ich einen Computer aufschraube, ist mir sein Innenleben unbegreiflich. Ich kann nicht nachvollziehen, warum er das verursacht, was ich auf dem Bildschirm sehe. Ich habe sogar den starken Verdacht, dass selbst viele Fachleute, die Computer zusammenbauen oder reparieren können, zwar wissen, welches Teil welche Funktion übernimmt, dass sie aber dennoch nicht verstehen, *warum* es funktioniert. Vermutlich begreifen das Warum nur die Entwickler der Technologie selbst.

In der Elektronik bringt dich technisches Verständnis nicht mehr weiter. Selbst dann, wenn du ein bestimmtes Bauteil lange beobachtest und ihm beim Arbeiten zusiehst, kannst du seine

Funktion nicht feststellen. Schließlich bewegt sich dabei ja nichts und ist daher nicht nachvollziehbar. Viel spannender ist es, eine Maschine zu beobachten. Selbst, wenn du in deinem Leben noch nie ein solches Gerät gesehen hast, hast du gute Chancen, dahinterzukommen, was es tut und wie es funktioniert. Was bewegt die Maschine? Wie arbeitet sie? Das Geheimnis ihrer Funktionsweise ist in der Mechanik nicht „eingeschweißt", sondern offenbart sich vor unseren Augen. Ich bin Mechaniker, weil ich die Dinge gerne anfasse, um sie zu begreifen. Ich bin also ein analoger Mensch, kein digitaler.

Mir fällt gerade ein Witz ein:

Drei Männer, ein Mechaniker, ein Elektriker und ein Computertechniker, sind in einem Auto unterwegs, als der Motor plötzlich zu stottern anfängt, und der Wagen stehenbleibt. Die drei wissen nicht, was los ist, der Motor springt ganz einfach nicht mehr an. Die erste Ferndiagnose stellt der Mechaniker: „Da stimmt sicher etwas mit dem Vergaser nicht. Der bekommt zu wenig Sprit." Daraufhin sagt der Elektriker: „Nein, das ist bestimmt die Zündung, der Motor hat keinen Funken." Schließlich meldet sich der dritte zu Wort, der Computerfachmann: „Ich habe folgenden Vorschlag: Wir steigen jetzt alle aus und steigen einfach noch einmal ein. Vielleicht läuft er dann wieder."

Bei einem Computer besteht tatsächlich oft die einzige Möglichkeit der Instandsetzung darin, ihn abzuschalten, nochmals einzuschalten und zu hoffen, dass das Gerät gnädig ist und wieder das tut, was es tun soll. Du hast aber nur selten die Möglichkeit, das Ding – sei es ein Laptop oder ein Mobiltelefon – zu reparieren, wie man es als Mechaniker tun würde. Ich beschäftige mich mit vielen – vielleicht mit zu vielen – technischen Dingen und versuche stets, zu verstehen, wie und weshalb sie funktionieren. Ich möchte das Wesen der

Sache, die schließlich von Menschen gemacht wurde, begreifen. All dieser technische Kram, das Industriegerümpel, mit dem wir uns umgeben – die Kamera, der Computer, die Digitaluhr oder heutzutage auch das Auto –, ist zwar tote Materie, jedoch steht dahinter immer ein Geist. Das heißt, es müssen zuerst Gedanken da sein, irgendwelche Ideen und Visionen. Die Kunst besteht darin, diese Ideen zu materialisieren und etwas Reales daraus entstehen zu lassen, das man anfassen kann. In allen technischen Neuerungen, in jedem Computer, in jedem Auto, in jedem Motorrad, wohnt ein Geist, nämlich der Geist des Erfinders. Beim Motorradfahren ist das für mich noch deutlich spürbar. Jedes Mal, wenn du das Motorrad wechselst, sitzt du auf einmal auf einem ganz anderen Gerät, bist mit einem ganz anderen Wesen und einem anderen Charakter konfrontiert. Motorräder haben wirklich noch Charakter, vor allem die älteren Modelle.

Moderne Autos verstehe ich auch nicht mehr so, wie ich die alten verstehen konnte. In den meisten neuen Autos gibt die Elektronik vor, was passiert. Früher musste man, um ein Auto oder ein Motorrad zu „frisieren", einen Sportauspuff anbringen, einen größeren Vergaser installieren, den Zylinder schleifen, einen größeren Kolben einbauen und damit den Hubraum erhöhen. Das sind lauter mechanische Bauteile.

Heutzutage sind Motoren oft mechanisch baugleich und werden elektronisch über das Zündverhalten und die Treibstoffmenge zu gegebener Zeit geregelt. Du kannst heute ein Motorrad mit 100 PS kaufen und mit dem teureren Modell vergleichen, das vielleicht 140 PS hat. Der Motor ist baugleich mit dem des schwächeren Fabrikats, lediglich der Computer ist anders programmiert, sodass sich die 140 PS ergeben. Ähnlich ist es bei herkömmlichen Dieselautos: Ob der Wagen 90 PS oder 120 PS hat, entscheidet letztlich die Elektronik. Nicht mehr die Hardware, also die mechanischen Teile, sondern

das elektronisch festgelegte Verhalten des Motors ist ausschlagge-
bend. Mechaniker konnten früher fast alles reparieren, von Autos
und Motorrädern bis hin zu Waschmaschinen. Sie sahen sich die
Geräte an und sagten dann zum Beispiel: „Okay, dieses oder jenes Bauteil ist kaputt, sehen wir zu, dass wir es reparieren können oder ein neues bestellen und dann einbauen". Dabei konnten
sie gleich die gesamte Maschine warten. Wenn dein Auto heute zu
ruckeln beginnt, fährst du damit in die Werkstatt, sofern du das
nicht schon vorher tust, weil auf dem Armaturenbrett bereits eine
Leuchte aufblinkt und anzeigt, dass das Auto in die Werkstatt „will".
Dort wird dann ein Diagnosegerät an dein Auto angeschlossen und
der Computer wirft den Fehler aus: „Dieses Teil gehört getauscht.
Das ist der Fehler." Es wird dann kaum mehr etwas repariert, sondern nur mehr ausgetauscht. Meist sind es elektronische Teile, die
defekt sind. Die meisten Autos bleiben heutzutage nicht auf der
Strecke liegen, weil etwas Mechanisches kaputtgeht, sondern weil
die Elektronik einen Fehler aufweist und dann auf „Notprogramm"
schaltet und womöglich nur mehr eine Geschwindigkeit von 30
Stundenkilometern zulässt. An dem Punkt wird es für mich fast
schon unheimlich, weil ich merke: Da hat irgendetwas in dem Ding
plötzlich die Macht, zu sagen: „Ich bin kaputt", obwohl mechanisch
alles in Ordnung ist. So kann man auch mit wenig Aufwand die
geplante Obsoleszenz in technische Geräte integrieren – das ein-
gebaute Ablaufdatum.

Ich hatte aber auch schon überraschend positive „Begegnungen"
mit Computern, sodass ich aus dem Staunen gar nicht mehr her-
auskam. Es gibt in meiner Nähe jemanden, der einen Computer
besitzt, ein handelsübliches, unspektakuläres Gerät, auf dem ein
Programm läuft, das sehr viel Geld gekostet haben muss. Damit
können EDV-gestützte gesundheitliche Analysen an Menschen
durchgeführt werden, was in dem konkreten Fall so funktioniert,

dass ich der Dame, die den Computer bedient und im Umgang mit dem Programm geschult wurde, beispielsweise ein paar meiner Kopf- oder Barthaare gebe. Die Haare werden in eine Art Scanner gelegt und nach einer gewissen Zeit spuckt der Computer ein Profil meines Gesundheitszustandes aus. Sprich: Er sagt mir, was mir fehlt, welche Probleme ich habe, sowohl auf der seelischen als auch auf der physischen Ebene.

Das klingt natürlich zunächst wie Hokuspokus. Wir können uns vielleicht noch vorstellen, dass es Menschen geben könnte, welche die Gabe besitzen, gesundheitliche Probleme eines anderen Menschen zu sehen oder zu spüren. So etwas kann ich auch gedanklich gut nachvollziehen. Dass es aber ein technisches Gerät geben soll – nichts anderes als einen Computer, mit dem du auch Videogames spielen könntest –, das dir dann detaillierte Auskunft über deine Gesundheit geben könne, klingt wie Bauernfängerei. Ich habe es aber ausprobiert und war verblüfft.

Die Sache lief damals nicht so ab, dass der Computer einfach Allgemeinplätze ausgeworfen hätte wie zum Beispiel: „Sie haben manchmal Kreuzschmerzen, spüren gelegentlich die Bandscheiben, haben ein bisschen Übergewicht". So etwas könnte man fast jedem Menschen sagen und das meiste würde zutreffen. Aber es war nicht so. Der Computer analysierte nur meine Haare und erstellte daraus eine spezifische, sehr detaillierte Diagnose, die ich durch bestehende medizinische Befunde zu hundert Prozent bestätigen konnte. Alles stimmte. Ich war sprachlos.

Clemens G. Arvay: Es war also kein Mensch, der deine Haare unter die Lupe nahm und dann sagte: „Ich sehe ein paar Ablagerungen dieser oder jener Substanz, daraus schließe ich dies oder das". Haare dienen dem Körper ja unter anderem zur Entgiftung. Unser Organismus lagert in Haaren und Nägeln auch Stoffe ein, die er ausscheidet. Aus solchen Hinweisen könnte man bei der Analyse und bei entsprechender Erfahrung unter Umständen Schlussfolgerungen ziehen.

Roland Düringer: Das Ganze war aber ausschließlich eine Leistung des Computers und es ging nicht um Einlagerungen von Substanzen in meinen Haaren, sondern nur um Information, die im Haar abgespeichert ist. In deinem Haar sind also Informationen über dich abgelegt: Was du bist, wie du funktionierst, deine Mängel, alles! Dabei geht es auch nicht um genetische Information. Es handelt sich um eine Ebene, die wir noch nicht verstehen.

Clemens G. Arvay: Wenn wir diese Art der Information noch nicht begreifen, wie können wir dann die Software dazu entwickeln, um die Information, die uns unverständlich ist, zu entschlüsseln? Schließlich muss dieses System ja von einem Menschen programmiert werden, der dem Computer sagt, was er wann und wie zu tun hat.

Roland Düringer: Auch meine erste Frage war: „Wie soll eine von Menschen gemachte Maschine etwas ausführen können, von dem wir im Grunde nichts verstehen?"
Ich ließ meinen Gesundheitszustand schon einmal aus reinem Interesse von einer Bioenergetikerin austesten – von einer sehr netten und freundlichen Person, die auch Tiere behandelte, was ja den Placeboeffekt als Erklärung ausschaltet. Ich schickte ihr in einem Kuvert eines meiner Haare und erhielt einen langen Brief zurück, in dem sie mir mitteilte, dass ich Borreliose hätte und dringend etwas dagegen unternehmen müsste, um keine Schäden an meinem Organismus entstehen zu lassen. Zunächst wusste ich gar nicht, was Borreliose war und fand heraus, dass es sich um eine bakterielle Erkrankung mit oft unspezifischen Symptomen handelt.

Die Bakterien, so genannte Borrelien, werden unter anderem von Zecken übertragen. Zuerst hielt ich die Diagnose für falsch, ging aber dennoch zum Arzt und sagte zu ihm: „Es könnte sein, dass ich Borreliose habe."

„Sicher nicht", antwortete er, „denn dann könnte man bestimmte Symptome feststellen".

Ich bestand dennoch auf einem Test im Labor und – siehe da – ich hatte tatsächlich eine Infektion mit Borrelien. Weil mich die Bioenergetikerin darauf hingewiesen hatte, konnte ich nun etwas unternehmen, um mich zu heilen. Bei vielen zuvor getätigten Gesundheitschecks mit den Mitteln unserer westlichen Medizin, die auch fälschlicherweise als Schulmedizin bezeichnet wird, wurde diese Infektion nicht erkannt.

Dass es Menschen gibt, die solche Fähigkeiten besitzen, kann ich wie gesagt noch verstehen. Für mich ist das kein Hokuspokus, sondern eine Tatsache, die auf eigenen Erfahrungen beruht. Die Vorstellung, dass aber irgendein dämlicher Computer dasselbe können soll, wirft bei mir viele, viele Fragen auf. Ich befragte meinen Ganzheitsmediziner, der sich sehr wohl erklären konnte, wie solche Phänomene möglich sind. Er erklärte mir, dass es dabei um feinstoffliche Information gehe und dass derjenige, der dieses EDV-Programm geschrieben hatte, immens große Datenmengen eingespielt haben musste. Das Ding war also mit Unmengen an Daten gefüttert worden, die offenbar sehr genau sein und möglichst alle Zusammenhänge aus Messdaten und damit verbundenen Gesundheitszuständen beinhalten mussten, damit der Computer aus den Messergebnissen die passenden Schlussfolgerungen ableiten konnte.

Clemens G. Arvay: Was mir dabei völlig schleierhaft bleibt, ist, wie ein Computer, der auf herkömmliche physikalische und elektrochemische Messinstrumente angewiesen sein muss, die angebliche „feinstoffliche" Ebene erfassen können soll.

Hältst du es für ausgeschlossen, dass sowohl die Bioenergetikerin als auch der Computer bei dir einfach Zufallstreffer landeten? Wie wäre das, wenn man zum Beispiel eine groß angelegte Doppelblindstudie[9] durchführen würde, mit hundert Teilnehmern. Würden diese Diagnosen dann deiner Meinung nach mit ihrer Treffsicherheit über der Zufallswahrscheinlichkeit liegen? Es wäre ja auch möglich, dass in einem solchen Testergebnis zahlreiche Fehldiagnosen enthalten sind und nur einige Treffer. Man könnte dann geneigt sein, die Fehler auszublenden und sich nur von den Treffern beeindrucken zu lassen.

Roland Düringer: Ich bin davon überzeugt, dass sowohl die Bioenergetikerin als auch der Computer tatsächlich die Fähigkeit haben, korrekte Diagnosen zu stellen. Das EDV-Programm warf über mich auch andere, sehr spezifische Informationen aus, die stimmten. Zum Beispiel führte ich damals eine Diät durch, in der ich keinerlei tierisches Eiweiß zu mir nahm. Ich schraubte über lange Zeit die Proteinzufuhr herunter. Der Computer diagnostizierte mir damals Proteinmangel. Er gab auch an, dass ich ungewöhnlich wenige Parasiten in meinem Körper hatte – so auffällig wenige, dass der Wert außerhalb der Norm lag. Und dieser Befund stimmte mit meinem tatsächlichen, durch die Entgiftungskur ausgelösten Status quo überein. Parasiten fanden in meinen gereinigten Körpersäften damals keinen Lebensraum und verschwanden. Das war kein bloßer „fauler Zauber", sondern ich empfand die Diagnosen des Computers als punktgenau und treffsicher.

Hierbei war ich fasziniert von dem Potenzial der Elektronik, eben *weil* mir das Phänomen nicht begreiflich war und ich mit der Sichtweise des Mechanikers, der ich bin, keine Erklärung fand.

---

9 Studie, bei der weder die Versuchspersonen noch die teilnehmenden Ärzte wissen, wem ein Scheinpräparat und wem das echte Präparat verabreicht wird.

Es ist für mich auch nicht begreifbar, weshalb so ein kleiner Kasten wie ein Laptop oder ein Mobiltelefon Filme und Musik abspielen kann, und wir uns auf der ganzen Welt damit ins Internet einloggen können. Es steckt schon ein gewisser Zauber in der Elektronik, die uns Menschen fasziniert und begeistert, dadurch übt sie diese Faszination auf uns aus und wir kippen sehr leicht in diese Dinge hinein. Es ist mir auch unverständlich, wie diese kleinen Filmkameras, mit denen wir in diesem Moment unser Gespräch aufzeichnen, so gestochen scharfe Bilder produzieren können. Vor zwanzig Jahren hätte man dazu noch riesengroße Geräte und starke Beleuchtung benötigt. Heute kauft man das Equipment dazu um relativ wenig Geld, obwohl es mehr kann als früher. Dies wirkt aber auf mich auch etwas beängstigend. Wenn du etwas nicht verstehst, wenn du also das Warum nicht erkennen kannst, sondern nur das Ergebnis siehst, dann kann es passieren, dass die Technologie in deiner Wahrnehmung etwas Göttliches erhält. Genauso hatten früher Blitz und Donner für die Menschen etwas mit Göttern zu tun. Man konnte sich nicht erklären, was da am Himmel vor sich ging.

Prinzipiell wäre es also besser, wir würden uns – wenn wir technische Geräte benutzen, in denen immer ein Geist wohnt, nämlich der Geist des Erfinders – mit der Funktionsweise auseinandersetzen. Auch beim Motorradfahren hilft es sehr, die Funktionsweise des Motorrads zu verstehen. Wenn du das Fahrzeug zerlegst, wenn du jedes einzelne Teil da drinnen kennst und weißt, welche Aufgabe es erfüllt, dann verstehst du auch, warum das Motorrad gelegentlich Dinge tut, die es nicht tun sollte. Du kannst dich dann hineinfühlen, weil du es verstehst und die mechanischen Vorgänge visualisieren kannst. Du stellst dir vor, wie im Vergaser der Schieber hinaufgeht – langsam – und wie sich die Düsennadel aus der Düse praktisch heraushebt und dadurch mehr Sprit in das Saugrohr des Vergasers gelangen lässt. Auf der anderen Seite strömt durch die

Saugwirkung des Motors das Luft-Benzin-Gemisch in zerstäubter Form in den Verbrennungsraum und wird gezündet. Wenn du diese Vorgänge in deiner Vorstellung ablaufen siehst, dann verstehst du, weshalb ein Motor bei einer gewissen Drehzahl zu ruckeln beginnt. Er wird „zu fett" oder „zu mager".

Benutzt du hingegen ein Motorrad und hast keine Ahnung von dem, was darin vor sich geht, welche Aufgabe das Fahrwerk, also die Einstellung der Federelemente, aber auch so etwas Banales wie der richtige Reifendruck, hat, so bringst du dich damit in Gefahr. Bei Autos ist das nicht so schlimm, denn die sind mittlerweile idiotensicher. Tritt auf die Bremse, und der Wagen bleibt dank Elektronik stehen. Wenn du aber bei einem Motorrad zu stark bremst, vielleicht sogar noch in Schräglage, dann lernst du, was es mit dem Aufstellmoment auf sich hat, und siehst der Botanik, oder noch schlimmer, dem Gegenverkehr in die Augen.

Im Umgang mit Tieren ist es sehr ähnlich. Wenn ich mit Tieren lebe, mit einem Pferd zum Beispiel oder mit einem Hund, dann muss ich das Wesen des Tieres verstehen. Damit haben viele Menschen ein großes Problem. Sie glauben, der Hund funktioniere wie sie selbst und verstehe immer, was man ihm sagt. Wenn ich in eine Richtung zeige und rufe: „Dort ist der Ball!", wird der Hund nicht auf den Ball blicken, sondern einfach nur auf meinen Finger.

Wenn ich Pferde nicht verstehe, kann ich mich höchstens als Hobbyreiter draufsetzen, mich von dem Tier umhertragen lassen und mich darüber wundern, dass das Pferd manchmal scheinbar grundlos stehenbleibt, dann wieder schneller wird. Verstehe ich aber sein Wesen, so komme ich damit leicht zurecht und kann mit dem Pferd kommunizieren, kann mich in es einfühlen.

Etwas nicht in dessen Wesen zu verstehen, bedeutet, von der Gunst dieses Gegenübers abhängig zu sein. Und das macht Angst. Darum habe ich vor Pferden und elektronischen Systemen Angst.

In seinem Kinofilm „Die Viertelliterklasse" spielte Roland Düringer gleich alle vier Hauptrollen. Herr Zorn, einer dieser Charaktere, erwägt, gegen den Hersteller seines Handys, das einfach nicht gehorcht, Amok zu laufen. Nachts an einer Bushaltestelle sitzend und unschlüssig darüber, ob er das Büro der Firma nun stürmen soll oder nicht, lädt er Frust über die Elektronik bei einer Passantin ab: „Keiner weiß, wie's funktioniert, nicht einmal die Experten. Wir leben in der elektronischen Steinzeit! Denn der, der damals das Feuer entdeckt hatte, wusste auch nicht, wieso es brennt. Er konnte den anderen Neandertalern erklären, was er tut, damit es brennt. Aber wieso ...? Egal: Hauptsache, es brennt! Hauptsache jeder hat ein Handy in der Tasche!"

Wir sind in so vielen Bereichen unseres Lebens von elektronischen Bauteilen abhängig. Sie stecken in unseren Häusern, im gesamten Verkehrswesen, im Individualverkehr und im öffentlichen, in Flugzeugen, Eisenbahnen, Schiffen, Autos, Heizungen und im Wassersystem. Die gesamte Welt ist elektronisch geregelt und gesteuert. Ich frage mich, was passiert, wenn einzelne Bauteile irgendwann nicht mehr tun, was wir von ihnen erwarten, oder wenn uns die Energie fehlt, um sie zu speisen. Und da sind wir jetzt an einem für mich springenden Punkt ...

Energie

Soweit ich die Welt verstehe, hat alles, was in ihr passiert, mit Energie zu tun. Dieser Kraft kann man verschiedene Namen geben. Man könnte von „kosmischer Energie" sprechen oder sie als „göttliche Energie" bezeichnen. Der Wortlaut spielt dabei keine Rolle. Auf jeden Fall ist unser Universum von irgendeiner Energieform durchdrungen, die uns Menschen, die Tiere, die Pflanzen und auch diesen Planeten am Leben hält. Wenn es um die Lebewesen der Erde geht, ist es für mich plausibel, von der Sonnenenergie zu sprechen. Es ist die Sonne mit ihren Strahlen, die zufällig im richtigen Abstand zum Planeten Erde steht, und deswegen alle Lebensvorgänge, die hier ablaufen, aufrechterhält. Ich spreche von natürlichen Vorgängen: Die Pflanzen wachsen, die Tiere bewegen sich und kommunizieren miteinander, der Regen fällt. All das hängt mit der Sonne zusammen.

In zahlreichen mythologischen Erzählungen stellte die Sonne jenen Ort dar, an dem die Götter wohnten. Wie oft sprach man vom Sonnengott? Diese Deutungen spielten meines Wissens in vielen Kulturen eine Rolle. Vermutlich liegt das daran, dass die Sonne etwas Unbegreifliches ist. Diese enorme Kraft, die von unserem Stern kommt, bedeutet Leben. Es ist die Lebensenergie, die durch uns alle hindurchfließt.

Nimmt man sich die Zeit, um sich an einen ruhigen Ort zu setzen und einfach nur das Leben in sich zu beobachten, bekommt man einen Eindruck davon, was es bedeutet, zu leben. Man kann dann zum Beispiel einfach die eigene Hand wahrnehmen – nicht nur als Werkzeug zum Festhalten. Man kann in sie hineinfühlen und spüren, was sich in der Hand alles tut. „Mein Blutkreislauf", kann man zu sich sagen, „etwas pulsiert in mir. Es ist die Lebensenergie. Es ist das Leben an sich, das in uns pulsiert."

Alles ist von dieser Energie durchdrungen und jedes lebende System auf diesem Planeten muss sich davon nähren, muss also ausreichend von der Energie erhalten, um weiterleben zu können. Wenn die Energiezufuhr endet, stirbt das Lebewesen. Man verhungert. Das gilt für jeden Organismus. Ohne Verbindung zur Energiequelle gibt es kein Überleben.

Über lange Zeit hinweg mussten Menschen, um die Lebensenergie zu erhalten, viele Opfer bringen. Wir mussten auf die Jagd gehen, mussten Samen und Früchte sammeln, später den Acker bestellen. Immer wieder überfiel ein Stamm den anderen, man raubte andere Menschen aus, tötete, um selbst überleben zu können. Das Leben auf der Erde war für uns von jeher damit verbunden, Aufwand zu betreiben und Opfer zu bringen, um an die lebensnotwendige Energie zu gelangen.

Alles, was auf dem Planeten jemals von Menschenhand errichtet, also aus unseren Gedanken erschaffen und mit unserer Hände Kraft manifest wurde, ist mit Energieaufwand verbunden, der letztlich über die kosmische Energie, über die Nahrung, gestillt werden musste. Der Bau ägyptischer Pyramiden oder jedes andere Bauvorhaben der Geschichte war und ist mit Arbeit von Menschen, mit Arbeitsenergie, verbunden.

Menschheitsgeschichtlich betrachtet ist es noch nicht lange her, dass wir zum ersten Mal Kohle ausgruben und bemerkten, welches enorme Energiepotenzial in den fossilen Brennstoffen steckt. Später fand man Erdöl. Seit dieser Zeit nähren wir uns von fremder Energie, von Kohlenstoff, den der Planet irgendwann tief unter der Erdoberfläche gebunkert hat. Wir haben seither, so glaubte man zumindest lange, schier unendlich viel Energie zur Verfügung. Das Maschinenzeitalter begann und veränderte das Leben auf diesem Planeten in noch niemals dagewesener Art und Weise. Wir konnten wachsen und expandieren, und das in vielen unterschiedlichen Bereichen unseres Lebens. Als Konsequenz des Rückgriffs auf Energie aus längst vergangenen Zeiten sind wir explosionsartig mehr Menschen geworden, da wir uns plötzlich über Naturgesetze hinwegsetzen konnten. Viele Dinge, die uns im Moment das Leben erleichtern, basieren auf fossiler Energie. Wenn diese Energiequelle zusammenbricht, werden alle unsere technischen Erfindungen nutzlos. Ein Auto ohne Sprit hat keinen Wert, ein Niedrigenergiehaus ohne Strom ebenfalls nicht. Eine Großstadt ohne Elektrizität ist ein Todeszone!

Wir haben uns von fossiler Energie abhängig gemacht und begeben uns tiefer und tiefer in diese Abhängigkeit. Es ist Teil meines Weges, zu versuchen, immer weniger von fremden Energien zu zehren, sondern mit meiner Energie zu arbeiten – mit meiner Lebensenergie, mit meiner Kraft, mit meiner Ausdauer, mit der Nahrung, die ich mir selbst anbaue.

Wenn ich mich wieder auf meine eigene Energie besinne, die mir von Natur aus zur Verfügung steht, dann erkenne ich diese Illusion, in der wir leben. Es ist die Illusion des Schlaraffenlands. Wir glauben, dass wir im Paradies leben, weil wir fälschlicherweise das Schlaraffenland für das Paradies halten. Das Schlaraffenland ist jenes Land, in dem man einfach herumliegt, und es fliegt einem alles in den Mund. Es ist immer alles da. So stelle ich mir aber das Paradies nicht vor.

Ein Schlaraffenland versorgt dich scheinbar mit allem, was du brauchst, und nimmt dir dadurch die Möglichkeit, dich weitgehend selbst und aus eigener Kraft zu versorgen.

Ich begebe mich nun auf den Weg, mich so gut wie möglich und Schritt für Schritt der Selbstversorgung anzunähern. Das funktioniert nicht von heute auf morgen. Ich stelle mir vier Personen vor: einer ist Architekt, der anderer Elektroniker, eine ist PR-Fachfrau, und die vierte ist Physiotherapeutin. Sie kaufen sich gemeinsam einen Bauernhof und machen auf Selbstversorger, wollen also ihr Leben in die eigenen Hände nehmen. Es wäre doch ein Wunder, würden sie nicht scheitern. Vielleicht haben sie sich viel Wissen über landwirtschaftliche Praktiken angeeignet, aber ihnen wird wohl die Erfahrung fehlen und damit die bäuerliche Weisheit. Erst durch das Scheitern und das Erbringen von Opfern wird wieder die Möglichkeit zur souveränen, autarken Existenz entstehen. Möglicherweise werden auch erst zukünftige Generationen davon profitieren. Es braucht Zeit, Geduld und Durchhaltevermögen. Man muss auch ertragen können, von vielen als verrückt und weltfremd abgestempelt zu werden.

Clemens G. Arvay: Auch in der Ökologie spricht man inzwischen vom sogenannten „postfossilen Zeitalter", das im Hereinbrechen ist. Wir befinden uns quasi am Ende des fossilen Zeitalters, in dem wir Erdöl unbegrenzt zur Verfügung hatten. Das kommende postfossile Zeitalter könnte zum Beispiel ein Solarzeitalter sein, in dem die Sonnenenergie im Mittelpunkt steht.

Hast du schon darüber nachgedacht, neue Energiequellen zu erschließen oder vielleicht sogar deinen eigenen Strom zu erzeugen?

Roland Düringer: Ich wohne seit nun fast zwei Jahren gemeinsam mit meiner Frau versuchsweise in einem hölzernen Zirkuswagen, der an keine externen Versorgungssysteme angeschlossen ist. Mit einer kleinen Fotovoltaikanlage erzeugen wir selbst Strom, um unseren relativ geringen Energiebedarf in diesem Wagen zu decken. Wir heizen mit Holz und kochen mit Gas aus Flaschen, durch welches uns auch Warmwasser zur Verfügung steht. Glücklicherweise haben wir auf unserem Grund einen Brunnen zur Wasserversorgung. Als Nutzwasser könnten wir jederzeit über die Dachfläche Regenwasser sammeln und können damit sparsam umgehen, denn im Holzwagen ist eine Trockentoilette eingebaut. Wir sind mit dieser Behausung also an keinerlei Netz angeschlossen und hätten die Möglichkeit, weitgehend autark zu leben. Und es ist ein wirklich gutes Gefühl, nicht mehr so sehr von den „Großen", von Konzernen und technischen Systemen, abhängig zu sein. „Daseinsmächtigkeit", das ist es, wonach wir alle streben sollten.

So etwas klappt aber nur, wenn alles in Zukunft kleiner wird, und wir Menschen unseren Bedarf dadurch von uns aus reduzieren können. Nicht Wachstum, sondern „Gesundschrumpfung" wird der Schlüssel zu einem guten Leben sein – also die Reduktion auf das Wesentliche und sich in der Kunst des Weglassens zu üben. Das wären wichtige Schritte, um aus dem *Homo demens* wieder einen *Homo sapiens* zu machen und dieser Bezeichnung auch gerecht zu werden.

Ich kann einen Holzwagen, also einen Raum mit 28 Quadratmetern, ohne großen Aufwand autark versorgen, ein Haus mit 250 Quadratmetern hingegen nicht mehr. In letzter Konsequenz könnten wir – meine Frau und ich – unser Haus zur Gänze verlassen und ausschließlich im Wagen leben. Ich habe jetzt die Möglichkeit, zu sagen: „Ich packe meine Sachen und ich bin weg". Ich bin zu diesem Schritt bereit und meine Frau ebenfalls.

Mehr Windkraft, zusätzliche Sonnenkraftwerke – das ist alles sehr schön und es sind gute Wege, die aber nichts an dem Problem ändern, dass wir einfach zu viel Energie verprassen. Wir wollen nicht so weitermachen wie bisher. Wir wollen immer alles und das am liebsten so schnell wie möglich. Bloß soll es der Umwelt nicht mehr schaden. Wenn wir unseren Lebensstil wirklich ändern möchten, dürfen wir uns nicht die Frage stellen: „Wie viele Sonnenkraftwerke müssen wir noch zusätzlich bauen und wie viele

Windräder müssen wir noch aufstellen, damit wir unseren derzeitigen Energieverbrauch halten können?" Stattdessen müssen wir den Verbrauch rigoros eindämmen. Wir müssen Dinge weglassen, damit wir keine zusätzlichen Windräder bauen müssen und keine zusätzlichen Sonnenkraftwerke. „Green Economy" – das klingt gut, bedeutet aber letztendlich, dass weiterhin unter dem grünen Deckmantel Rohstoffe geplündert werden.

Clemens G. Arvay: Dieses Problem ist systemimmanent. Es geht immer nur darum, den maximalen Profit herauszuholen, das maximale Wirtschaftswachstum. Greenwash ist *die* neue Unternehmensstrategie, weil man sich gerne ein reines Gewissen erkauft. Die Produkte sind jetzt alle grün, oder besser gesagt: Sie sind pseudogrün. Das eigentliche Problem ist aber, dass wir zu viel Unnötiges produzieren und vermarkten, was unter großem Druck und Aufwand durch Marketing geschieht. Man will den Leuten weiterhin einreden, dieses oder jenes zu benötigen und verhökert ihnen gleich das gute, grüne Gewissen mit dazu.

Roland Düringer: Leider ja. Das sehe ich auch so. Es wird wieder und wieder etwas Neues gebaut. Noch mehr Produkte werden auf den Markt geworfen. Natürlich ist vieles in der „Green Economy" gut gemeint, aber nicht zu Ende gedacht. Daher sollten wir die Dinge nun selbst in die Hand nehmen und jeder Einzelne in den Ländern des Überflusses müsste seinen eigenen Lebensstil Schritt für Schritt so ändern, dass der Raubbau und die Ausbeutung in der sogenannten „Dritten Welt" endlich ein Ende finden. Ein reduziertes Leben – das weiß ich aus eigener Erfahrung – ist qualitativ hochwertiger als ein Lebensstil der Verschwendung und des Überflusses, und man begreift viel besser, was es eigentlich bedeutet „zu leben". Wir sind dann mit unserem Boden, mit der Erde, verwurzelt und können der Natur, die uns nährt, die Wertschätzung entgegenbringen, die sie verdient hat.

Bei jedem Ding, das wir uns anschaffen möchten, sollten wir zuerst gründlich fragen: „Was ist das, woher kommt es, und wie viel Energie wurde verbraucht, damit dieses Ding hier im Laden stehen kann? Und: Brauche ich das wirklich?" Dann würden wir in vielen Fällen andere Entscheidungen treffen. Solange wir diese Denkweise nicht in unsere Köpfe lassen, wird sich relativ wenig auf dem Planeten ändern. Und wenn *wir* die Dinge nicht ändern, dann werden sie sich von selbst ändern, weil das Maß irgendwann voll und das Spiel vorbei sein wird. Allerspätestens dann heißt es für jeden einzelnen von uns: „Leb wohl, Schlaraffenland!"

Das Schlaraffenland wird wie ein Kartenhaus zusammenbrechen und wir werden auf uns selbst zurückgeworfen sein. Ich hoffe insgeheim mit Blick auf unsere Kinder und Enkel, dass es so kommen wird. Ich glaube aber auch, dass bis dahin einige sehr – wirklich sehr! – schwierige Phasen auf uns zukommen werden. Wir werden letztendlich für unseren Lebensstil im Überfluss bezahlen. Es wird zunächst zu noch mehr Fremdbestimmung kommen, da die wirtschaftlichen und politischen Institutionen natürlich alles daran setzen werden, zu verhindern, dass die Menschen wieder echte Eigenverantwortung übernehmen. Es wird *noch* mehr Regeln geben, *noch* mehr Überwachung. Der persönliche Freiraum wird immer kleiner werden, bis es für uns alle zu eng wird, und die Leute irgendwann nicht mehr umhinkommen, zu sagen: „Jetzt ist es vorbei! Jetzt leckt uns am Arsch." Und dann wird es im schlimmsten Fall krachen. Das sind keine schönen Aussichten, dessen bin ich mir bewusst. Aber wir werden die wirkliche Rechnung für unseren Konsum erst bezahlen müssen und ich hoffe, dass wir, also die Angehörigen unserer Generationen in den frühindustrialisierten Ländern, dafür geradestehen werden müssen und nicht unsere Kinder und der Rest der Welt. Das wäre nur gerecht. Denn eine Gesellschaft, die 50 Prozent der produzierten Lebensmittel jeden Tag in den Mülltonnen der Supermärkte verschwinden lässt und Tiere so schlecht behandelt, als wären sie leblose Waren, darf nicht ungeschoren davonkommen. Vielleicht werden wir früher als wir glauben Verantwortung übernehmen müssen. Spätestens wenn das Wasser, in dem wir wie die Frösche schwimmen, kocht. Schmeißt man einen Frosch in einen Topf mit kühlem Wasser und erhöht die Temperatur langsam und sanft, bleibt er so lange im Topf, bis er kocht. Ich habe das noch nicht probiert, aber angeblich wäre das so. Schmeißt man ihn aber vom kalten Wasser in einen lauwarmen Topf, ergreift er sofort die Flucht.

Clemens G. Arvay: Ich habe Freunde in Wales in Großbritannien, die dort in einer Ökogemeinschaft leben und mehrere Bauernhöfe gemeinsam betreiben. Sie versorgen sich zu hundert Prozent selbst mit Strom und Energie, haben Windräder errichtet und nutzen Wasser- und Sonnenkraft. Das Geniale an dieser Kombination ist, dass bei jeder Wetterlage ausreichend Energie zur Verfügung steht. Wenn es regnet und windig ist, laufen die Wasser- und Windräder auf Hochtouren. Wenn die Sonne scheint, dominiert die Sonnenenergie. Der Strom wird in einer alten U-Boot-Batterie gespeichert, die sie irgendwo aufgetrieben haben.

Es handelt sich um circa 20 Personen, denen auf diese Weise ausreichend Energie zur Verfügung steht, um sogar elektrische Geräte inklusive Computern zu betreiben.

Roland Düringer: In überschaubaren Dimensionen lassen sich solche Vorhaben leicht umsetzen. Übrigens überlege auch ich, mir für meinen Holzwagen zusätzlich zur Fotovoltaik ein kleines, gebrauchtes Windrad aufzustellen. Das brächte mir im Winter einen

Vorteil. Jetzt, im Sommer, während ich wenig Energie verbrauche, sind meine Stromspeicher immer voll. Im Winter, wenn ich beispielsweise mehr Energie für Licht benötige, habe ich wenig Reserven. Derzeit habe ich keine Möglichkeit, Überschüsse aus der warmen für die kalte Jahreszeit zu speichern.

Die Energiefrage ist jedenfalls ein sehr wichtiges Menschheitsthema. Weil wir von Fremdenergie abhängig sind, gleichen wir derzeit Wachkomapatienten, die einfach an den Maschinen hängen und deswegen weiterleben. Wenn du in Wien, in Berlin, in Zürich oder in welcher Stadt auch immer einfach alle Stecker herausziehst – wie viele Tage gibst du den Bewohnern, bevor die Situation eskaliert?

Inzwischen hat es nichts mehr mit Verschwörungstheorien oder Spinnerei zu tun, wenn man glaubt, dass bald eine Epoche zu Ende geht, ein Umdenken passieren wird, vielleicht ein Finanzcrash auf uns zu kommt. Wir spüren, dass das Ende des Schlaraffenlandes naht, und dass die Zeit und die Macht des „weißen Mannes" vorbeigehen wird. Unsere Kultur, die eigentlich gar keine mehr ist, wird genauso zerfallen, wie viele andere Kulturen zuvor. Ich könnte mir vorstellen, dass Hochkulturen immer automatisch an den Punkt gelangen, an dem sie einfach auseinanderbrechen, sich selbst auflösen.

Das soll nicht heißen, das *morgen* alles zusammenbrechen wird. Wir wissen nicht, wann es passiert, wie viele Jahre oder Jahrzehnte es noch dauern wird, aber ich denke, dass kommende Generationen in einer anderen Welt leben werden. Die Frage ist nur, wie wir mit dieser Situation umgehen werden. Ich beobachte, dass sich sehr viele Leute schon jetzt Sorgen um ihr Geld machen und sich fragen, wie sie ihr Erspartes für Krisenzeiten am besten investieren. Die einen kaufen Edelmetalle, die anderen Grund und Boden. Immobilien sind momentan besonders hoch im Kurs.

Würde mich jemand fragen: „Herr Düringer, worin sollte man jetzt investieren?", dann würde ich einfach sagen: „In sich selbst." Investieren Sie in Ihren Körper, in Ihre Gesundheit, in Ihren Geist. Sie werden einen kräftigen, gut koordinierten Organismus viel nötiger haben als Erspartes oder Materielles. Gesund sein und damit überleben zu können hat auch viel mit Eigenverantwortung zu tun. Natürlich nicht nur, denn Unglücksfälle oder Schicksalsschläge können passieren, darin besteht kein Zweifel. In der Regel kann man aber selbst sehr viel zum eigenen körperlichen Wohlbefinden beitragen.

In einer Studie, die ich gelesen habe, wurde einmal gefragt: „Wer ist Ihrer Meinung nach für Ihre Gesundheit verantwortlich?" 52 Prozent der Befragten kreuzten an: „Die Sozialversicherung". 26 Prozent sagten: „Der Arzt". Die wenigsten meinten, sie selbst seien für ihre Gesundheit verantwortlich. Das ist grotesk.

Beim Erlangen oder Bewahren körperlicher Fähigkeiten hilft das mechanische Denken sehr. Unsere Körper sind zwar etwas Lebendiges und Beseeltes, haben aber auch eine biomechanische Komponente. Wir haben Gelenke, eine Gelenksschmiere wie Öl, eine Zentralpumpe, die alles versorgt. Unser Herz schlägt von alleine und wird nicht über das Gehirn gesteuert, sondern über das vegetative Nervensystem. Wir verfügen über ein Entgiftungssystem, nämlich das Lymphsystem. Wir sind also auch mechanische Wesen. Wenn man dann Mechanik versteht, begreift man auch, wie der Körper funktioniert. Ein Elektroniker versteht womöglich nur das Gehirn. *(lacht)*

Leben und Sterben

Clemens G. Arvay: Im 18. Jahrhundert herrschte ein streng mechanisches Bild des menschlichen Körpers vor. Das war die Zeit der frühen Industrialisierung, der Zahnräder und der Hebel. Gemäß des damaligen Standes der Technik erklärte man sich den menschlichen Körper als durch und durch mechanisch. Ich finde es interessant, wie sehr das sich in ständigem Wandel befindende Menschenbild Hand in Hand mit den Technologien der jeweiligen Zeit geht. Heute leben wir im EDV–Zeitalter, und viele Menschen halten daher unser Gehirn für einen Computer. Der menschliche Geist wäre dann eine Art Software.

Roland Düringer: Die große Frage lautet nach wie vor: „Kommt das Bewusstsein nach dem Gehirn oder vor dem Gehirn?" Erzeugt also unser Gehirn das Bewusstsein oder ist das Bewusstsein vom Gehirn unabhängig und durchdringt dieses?

Clemens G. Arvay: So, wie man im 18. Jahrhundert in der Zeit der aufkommenden Mechanik lebte, befinden wir uns jetzt im Zeitalter des neurowissenschaftlichen Weltbildes, das natürlich eng mit der Informatik verknüpft ist. Viele Neurobiologen gehen davon aus, unser Bewusstsein sei das Ergebnis von rein neuronalen Gehirnaktivitäten, die in verschiedenen Bereichen des Gehirns ablaufen. Diese Annahme wird wiederum von anderen Wissenschaftlern – darunter auch Biologen, Psychologen und Bewusstseinsphilosophen – bestritten. Der amerikanische Philosoph und Universitätsprofessor Alva Noë zählt beispielsweise zu den Kritikern des neurowissenschaftlichen Menschenbildes. Auch er vergleicht unser Gehirn zunächst mit einem Computer, gelangt aber gerade *deswegen* zu dem Schluss, dass es für sich alleine keinen vernünftigen Gedanken formulieren könnte. In seinem Buch „Du bist nicht dein Gehirn"[10] vertritt er die These, unser Bewusstsein entstehe durch die Interaktion eines ganzheitlichen Lebewesens mit seiner Umwelt. Ein relativ kleiner Kreis medienpräsenter Neurobiologen verlaut-

---

10 Noë, Alva, Du bist nicht dein Gehirn – eine radikale Philosophie des Bewusstseins, Piper Verlag, München, 2010.

bart indes, das Geheimnis des Bewusstseins gelöst zu haben. Diese Wissenschaftler gehen davon aus, dass sie ihr Gehirn *sind*. Alva Noë kritisiert diese Vorstellung als „Gehirn-im-Tank-Hypothese", wonach wir Gehirne wären, die in einem Tank – also im Schädel – aufbewahrt werden und sich mit Hilfe des Körpers artikulieren und durch die Welt bewegen. Obwohl sich dieses Menschenbild medial großer Aufmerksamkeit erfreut, wird es vom Großteil der Wissenschaftler nicht geteilt. Ein Gehirn dürfte für sich alleine ebenso wenig Bewusstsein aufweisen, wie dies bei Computern der Fall ist. Auch Computer „denken" erst, indem sie benutzt werden. Man könnte das Gehirn also auch als Denkmaschine betrachten, die uns zur Verfügung steht. Gleichzeitig ist es ein Rekonstruktionsapparat, mit dem wir im Laufe unseres Lebens die phänomenale Außenwelt rekonstruieren, dabei aber stets mit dieser Außenwelt in Austausch stehen. Laut diesem Ansatz kann unsere „Welt" also kein reines Konstrukt, keine beliebige Erfindung unseres Gehirns sein.

Interessant sind auch die Überlegungen des international bekannten australischen Philosophen David J. Chalmers, der das „hard problem of consciousness" vom „easy problem of consciousness" unterscheidet, also die einfach zu lösenden Fragen des Bewusstseins von den schwierig zu lösenden[11]. „Easy" sind in diesem Fall die sensorischen und motorischen Fähigkeiten wie Sehen, Hören oder auch das Reagieren und die Bewegung. Das „hard problem" betrifft aber all jene Phänomene, die Philosophen als „Qualia" bezeichnen. Das sind die qualitativen Wahrnehmungen. Wir sehen zum Beispiel nicht nur eine Farbe, sondern wir erfahren sie. Wir wissen, *wie* es ist, die Farbe zu sehen, *wie* es ist, Musik zu hören und so weiter. Diese Innenperspektive, also der individuelle, nur von dem jeweiligen Wesen erfahrbare und sich durch sein Leben ziehende Bewusstseinsstrom mit der qualitativen Wahrnehmung, lässt sich auf neurobiologischer Ebene nicht erklären. Warum bin

---

11   Chalmers, David J., The Character of Consciousness (Philosophy of Mind), Oxford University Press USA, New York, 2010.

es *ich*, der spricht? Weshalb bist es *du*, der handelt? „Es" spricht und handelt nicht in uns, sondern wir sind diejenigen, die das tun. Und wir benutzen unser Gehirn dafür – eine Art „Denkmaschine".

Roland Düringer: Wahrscheinlich haben beide recht, die strengen Neurowissenschaftler ebenso wie die Philosophen und Psychologen. Es hatten früher auch diejenigen recht, die sagten, die Erde sei flach. Sie hatten „recht", weil es damals alle glaubten. Als Wahrheit gilt ja oft das, was die Mehrheit glaubt.

Im Falle der Bewusstseinsfrage kann man nun sagen: „Wir wissen es nicht". Oder man kann sagen: „Beide Seiten haben recht". Auch Leute, die meinen, ich hätte einen kompletten Schuss mit meinem momentanen Lebensstil und meinen Kugeln im Bart, haben recht: „Der Düringer spinnt jetzt total, der lebt ja jetzt im Wald als Einsiedler". Sie haben recht, obwohl wir ja beide wissen, dass ich *nicht* als Einsiedler im Wald lebe. Und die, die mich wissen lassen: „Ich finde super, was Sie tun, und dass Sie Dinge nun anders machen möchten", die haben auch recht. Beide Wahrnehmungen sind jeweils ihre persönlichen, basierend auf Informationen, die in ihrem Datenspeicher, also im Gehirn, abgespeichert sind. Es sind Informationen, die in uns eindringen und dann so etwas wie „Gewissheit" in uns erzeugen – unsere persönliche Gewissheit. Woher diese Informationen kommen, hinterfragen wir nicht. Ist es nicht so, dass ein beträchtlicher Teil unserer Gedanken – und die daraus resultierenden Worte – in nur wenigen Fällen auf eigenen Erfahrungen beruhen, sondern nichts anderes sind als das Wiederkäuen fremder Meinungen?

Auch in unserem Gespräch ist es doch so. Wir sollten, wenn unser Gespräch einmal niedergeschrieben ist, überprüfen, wie viele unserer Aussagen auf eigenen Erfahrungen beruhen und wie viel davon im besten Fall wiedergekäute fremde Erfahrungen sind. Im schlechteren Fall: Nachgeplappere von Nachgeplappere von Nachgeplappere, aus dem wir uns unsere Meinungen und damit unsere Wahrheiten, die möglicherweise nur Halbwahrheiten sind, bilden. Sobald eine Meinung mit unserer Programmierung – also mit unserem Weltbild – kompatibel ist, sind wir gerne bereit, sie zur eigenen Meinung werden zu lassen. Wissen ist, so denke ich, doch etwas Relatives.

Ich halte es übrigens für möglich, dass unser Bewusstsein nicht nur in uns ist, sondern auch außerhalb von uns. Auch das ist eine Meinung, mit der ich gut leben kann. *(lacht)*

Das Thema „Bewusstsein" erinnert mich jedenfalls wieder an die Lebensenergie, über die wir vorhin gesprochen haben. Wenn die Lebensenergie, die wir an und in uns spüren und beobachten können, schwindet, dann stirbt das Wesen und verändert sich. Es zerfällt der Körper unter Mithilfe unzähliger Mikroorganismen. Wenn mich jemand fragt: „Gibt es ein Leben nach dem Tod?", so kann ich sagen: „Ja!" Es steht außer Frage, dass es auch nach unserem Tod noch Leben gibt, denn sogar unsere Körper „leben" nach dem Tod weiter. Mikroorganismen beginnen, uns zu zerlegen und uns wieder zu unserem Ursprung, zur Erde, zurückzuführen.

Clemens G. Arvay: Wenn Menschen fragen: „Gibt es ein Leben nach dem Tod?", so meinen die meisten vermutlich: „Gibt es *mich* nach meinem Tod?" Es erscheint nicht als befriedigend, zu wissen, dass es „das Leben" nach unserem individuellen Tod noch gibt, dass unsere Kinder und Kindeskinder weiterleben werden, sich die Welt weiterdrehen wird und dass aus unseren organischen Überresten neue Lebewesen geformt werden. Auch die Tatsache, dass man uns in Erinnerung behalten wird, dass man über uns sprechen und von uns erzählen wird, tröstet nicht unbedingt über die Vorstellung des eigenen, des persönlichen „Nichtmehrseins" hinweg.

Wie würdest du antworten, wenn dich jemand fragen würde, ob es dich oder *dein Bewusstsein* nach deinem Dahinscheiden noch gibt.

Roland Düringer: Ich weiß schlichtweg nicht, ob es nach meinem Tod noch irgendeine Form meiner Identität geben wird, die ich wahrnehmen kann. Ich weiß es nicht! Mir fehlen diesbezüglich die Erfahrungswerte.

Zu behaupten: „Ja, es gibt mein Bewusstsein auch noch nach dem Tod und meine Seele lebt weiter", oder auch zu sagen: „Nein, es ist für mich dann alles aus und vorbei", wäre reines Kaffeesatzlesen. Wir wissen es nicht.

Wir wissen aber nach dem heutigen Stand der Forschung, dass jeder Organismus anfängt, sich zu zersetzen, dass Bakterien in uns leben, die auch danach noch in uns ihre Aufgaben erfüllen: Zersetzung, Verarbeitung, Kompostierung. Die Keime, die uns eines Tages zerlegen werden, befinden sich schon jetzt in uns.

Clemens G. Arvay: Hast du Angst vor dem Sterben?

Roland Düringer: Vor dem Tod selbst habe ich keine Angst. Er könnte eines Tages auch ein guter, willkommener Freund sein. Wenn es nach dem Tod für mich nichts mehr gibt, also auch das Bewusstsein endet, dann brauche ich keine Angst zu haben. Vor „nichts" braucht sich niemand zu fürchten. Nichts tut nicht weh. Es ist eben nichts. In der Zeit vor meiner Geburt habe ich mich auch nicht gefürchtet.

Clemens G. Arvay: Von diesem Standpunkt aus betrachtet könnte man sagen: Vor deiner Geburt warst du eine Ewigkeit lang *nicht*. Jetzt befindest du dich in einem kleinen Zeitfenster, in dem du existierst – vielleicht 90 Jahre lang. Danach bist du, genauso wie davor, wieder eine Ewigkeit lang *nicht*. Von jedem beliebigen Zeitpunkt *nach* deinem Leben aus betrachtet erscheint es dann für dich als völlig irrelevant, ob du je hier warst oder nicht. Du bist dann wieder im Zustand der ewigen Nicht-Existenz, so wie vor der Geburt, ohne Erinnerung an dein Leben. Es ist, als wärst du nie gewesen. Nur für die Nachkommen macht es einen Unterschied, ob es dich gegeben hat oder nicht. Du kannst der Welt etwas von dir hinterlassen. Aber aus deiner eigenen Sicht ist es, sofern man davon ausgeht, dass auch dein Bewusstsein wieder erlöschen wird, so, als wärst du nie hier gewesen.

Vor der Geburt warst du nicht. Daher konntest du unter dem Nichts auch nicht leiden. Nach dem Tod ist auch niemand mehr da, der unter dem Nichts leiden kann. Aber dieses Zeitfenster dazwischen – das hat es in sich! In dieser Zeit bist du sehr wohl mit dem Nichts konfrontiert, und zwar in Form dessen, was auf dich wartet. Das Leiden entsteht also in der Erwartung des Nichts, nicht aber *durch* das Nichts. Nur während der Zeit deiner Existenz kannst du wissen, dass es auch etwas zu verlieren gibt.

Ich zum Beispiel empfinde die Natur als wunderschön und liebe es, durch meinen Garten zu streifen, in der Erde zu graben, meinen Acker zu bearbeiten, Früchte zu ernten und Tiere zu beobachten. Wenn ich im Gebirge von einem felsigen Gipfel über die weite Landschaft blicke und dabei von Ehrfurcht ergriffen bin, kommt auch der Wunsch in mir auf, an der Schönheit der Natur für immer teilhaben zu können. Ich gebe ganz offen und ehrlich zu, dass mich der Gedanke daran schmerzt, die wunderschöne, kraftvolle Natur eines Tages nicht mehr ansehen und erleben zu können. Sie – die Natur – wird auch in vielen Jahrtausenden noch beeindruckend sein. Wir werden aber nicht mehr hier sein, um sie wahrzunehmen. Diese Vorstellung tut mir weh, weil ich *jetzt* bin und mich damit auseinandersetzen muss. In dieser Situation erscheint mir persönlich der Gedanke, dass ich später unter dem Nichts nicht leiden würde, nur wenig hilfreich.

Roland Düringer: Vielleicht hast du soeben erklärt, worin der Grund für unser Dasein besteht. Es könnte doch sein, dass wir durch unser Menschsein der Natur die Möglichkeit geben, sich selbst zu sehen oder von jemandem gesehen zu werden. Verstehst du, was ich damit meine? Warum ist die Natur so ästhetisch? Es könnte ja auch alles ganz fürchterlich hässlich sein. Warum ist eine Blume so schön?

Clemens G. Arvay: Ich verstehe deinen Gedanken. Andererseits muss man natürlich auch berücksichtigen, dass der Evolutionsprozess des Menschen hier auf diesem Planeten abgelaufen ist. Wir haben uns *aus* der Natur entwickelt, *mit* ihr und *in* ihr. Unsere ästhetische Wahrnehmung wurde also über Jahrtausende und Jahrmillionen durch die Natur geprägt, deren Teil wir sind. Es ist nicht überraschend, dass wir das alles als schön empfinden.

Wenn wir von „der Natur" sprechen, dann meinen wir meistens die Berge, die Pflanzen, die Tiere – alles, was uns umgibt. Diese Wesen stehen aber auf derselben Ebene wie wir. Auch die Pflanze wird geboren, kommt aus dem Samen und stirbt irgendwann. Was wir rund um uns als Natur wahrnehmen und steht mit uns auf einer Stufe, wurde ebenso „erschaffen" wie wir. Es gibt aber noch einen zweiten Naturbegriff, nämlich die Natur als Abstraktion, als schöpferische Kraft, die das gesamte Universum erfasst.

Roland Düringer: Ich verstehe, du meinst das gesamte Sein. Aber dennoch könnte unsere Funktion in diesem Spiel darin bestehen, die Schönheit der Natur zu erkennen und wahrzunehmen – also die Schönheit der Pflanzen, der Steine, der Tiere, der Sterne ...

Clemens G. Arvay: Würdest du dir nicht ein wenig missbraucht vorkommen, wenn dein Lebenszweck darin bestünde, die, die dich erschaffen hat, anzusehen, damit die, die dich erschaffen hat, angesehen wird? Wäre das nicht eine sehr narzisstische schöpferische Kraft? In einem Menschenleben kann so vieles passieren: Dramen, Schönes, Hässliches, Menschen hungern, Menschen erfahren fürchterliches Leid – und das alles nur, damit die, die uns erschaffen hat, sich von uns ansehen lassen kann?

Roland Düringer: Wenn das meine Funktion, mein Daseinszweck wäre, würde ich mir nicht ausgenutzt vorkommen. Es wäre dann eben so und es gibt sicher Schlimmeres. Die Schönheit, die um uns herum existiert, nicht wahrnehmen zu können, weil man nur lebt, um zu arbeiten, wäre für mich zum Beispiel ein viel größeres Unglück. Wobei ja viele glauben, sie arbeiten, um zu leben.

Ich halte es für sehr wichtig, sich bewusst zu machen, dass wir eines Tages sterben werden. Wir sollten das immer vor Augen haben. Der Tod betrifft jeden von uns, und ich glaube, dass die meisten Menschen diese Tatsache verdrängen.

Eines Tages werde ich zu meiner Frau Regine „Adieu" sagen müssen. Dieser Moment wird kommen. Entweder geht sie vor mir, oder ich gehe vor ihr. Es ist so. Ich hoffe aber sehr, dass wir dann auch die Gelegenheit haben werden, uns voneinander gebührend zu verabschieden. Das ist für den, der zurückbleibt, sehr wichtig. Angst sollte man vor all dem haben, was man uns vor unserem Tod noch antun könnte. Angeschlossen an lebenserhaltenden Maschinen, vollgepumpt mit Chemie – das ist keine schöne Vorstellung eines Lebensabends. Ich wünsche mir, einmal in Würde zu gehen. Ich möchte im Wald sterben, dort inmitten von Fülle und Pracht von diesem Leben lassen. Das ist für mich eine wunderbare Vorstellung.

Wenn du dich mit der Natur beschäftigst, einen Garten hast,
dann bist du immer mit dem Tod, dem Vergehen konfron-
tiert. Jedes Jahr hat seinen Zyklus, und danach beginnt das
Sterben in der Pflanzenwelt. Alles wird braun, der Garten
wird grauslich und hässlich. Die Pflanzen, die nicht winter-
hart sind, werden niemals wiederkommen. Wenn ich mich
also als Teil der Natur verstehe, muss ich mich auch als Teil
dieses Zyklus erkennen. Natürlich hat die Vorstellung vom
Verschwinden aus dieser Welt für das einzelne Individuum
eine starke Bedeutung. Im Großen und Ganzen ist es aber re-
lativ bedeutungslos.

Die Frage, die ich mir stelle, ist: Was kann ich tun, um so zu leben, dass das Sterben nicht zur Qual wird, dass es ein Übergang wird und nicht ein Jammern: „Ach, hätte ich nur, warum habe ich denn nur nicht ...“

Ich hätte gerne das Recht, zu sterben, wenn ich bereit dafür bin. Und ich möchte an einem Ort sterben, an dem ich mich wohlfühle – im Gefühl der Geborgenheit. Ich konnte mir nicht aussuchen, wo ich geboren wurde – sonst hätte ich mir auch einen anderen Ort ausgesucht als das Kaiser-Franz-Josef-Spital in Wien. Aber gehen möchte ich nicht in einem Krankenhaus. Gehen möchte ich lieber im Wald. Ob nun alleine oder umgeben von meinen Liebsten, kann ich heute und hier nicht beantworten.

Ich glaube, dass man im letzten Moment im Grunde immer alleine ist. Das ist dann etwas, das ich mit mir selbst ausmachen werde. Bei unseren Gedanken an den Tod sollten wir uns auch immer vor Augen halten, dass er – der Tod – jederzeit und aus heiterem Himmel eintreffen kann. Hätten wir unseren Tod öfter vor unserem geistigen Auge, dann würden wir alle unsere Leben vermutlich anders gestalten. Wir tun so, als würden wir ewig leben. Bei

Menschen, die eine schwere Erkrankung haben, eine Diagnose, bei der plötzlich der Tod vor ihnen steht, legt sich oft ein Schalter um, und sie denken auf einmal anders. Manche verändern sich und beginnen, den Rest ihres Lebens mit Sinn zu erfüllen. Sie verändern sich nicht nur, sie werden sogar zu jemand ganz „anderem". Sie begehen dann nicht die Dummheiten, die wir jeden Tag begehen. Sie tun vielleicht andere Dinge. Wenn man sich des Ablaufdatums einer Sache bewusst ist, erhält diese einen viel höheren Wert. Unsere Lebensgeschichte hat ein Ablaufdatum. Es ist so. Und das ist kein Nachgeplappere, sondern Gewissheit. *(lacht)*

Clemens G. Arvay: Es macht bestimmt auch einen großen Unterschied, ob man am Ende des Lebens zurückblickt und zu dem Schluss kommt, die Dinge verwirklicht zu haben, die man verwirklichen wollte, oder ob man zurückblickt und über lauter vergebene Chancen und Möglichkeiten trauert.

Roland Düringer: Ich glaube, es ist viel wichtiger, sich die Frage zu stellen: „Habe ich dem Leben gedient oder habe ich Schaden angerichtet?" Nicht: „Was habe ich geschafft, was habe ich alles bewerkstelligt, wie viele Medaillen habe ich gewonnen?"

Clemens G. Arvay: Ich meinte keinesfalls eine Verwirklichung im materiellen Sinne oder eine, bei der es um Ansehen geht. So etwas führt auf dem Sterbebett bestimmt nicht zu einem sehr befriedigenden Lebensrückblick. Ich meinte eher den Umgang mit anderen Menschen – auch mit Tieren –, mit Beziehungen, das Miteinander.

Wenn es dein Lebenszweck ist, dem Leben zu dienen, du aber am Ende feststellen musst, den Zweck verfehlt zu haben, dann ist es ein anderes Sterben, als wenn du feststellen kannst, deinem Herz gefolgt zu sein.

Roland Düringer: Ich stimme dir völlig zu. Somit sind wir auch schon beim Thema „loslassen können". Es fällt uns schwer, Dinge loszulassen. Wir schleppen alle so viel mit uns mit: einen ganzen Rucksack voll mit Dingen, die zum Teil Unrat sind und die wir uns anhäufen – seien es materielle Dinge oder seien es irgendwelche Ideologien, irgendwelche Glaubenssätze und Wertvorstellungen, an denen wir festhalten. Es können auch Verurteilungen sein, Beurteilungen, Bewertungen, die wir im Kopf haben. Diese tragen wir mit uns herum und sind nicht in der Lage, sie loszulassen.

Es ist etwas sehr Wichtiges, sich einfach die Freiheit zu nehmen, manchmal loszulassen, andere Menschen auch gehen zu lassen, die Vergangenheit abzuschließen. Wir sollten weniger an Dingen oder an Menschen hängen. In dem Moment, in dem du loslässt, hast du wieder Platz für Neues. Wer im Leben das Loslassen nicht lernt, wird vermutlich auch keinen „schönen" Tod haben, wenn es eines Tages darum geht, das Leben selbst loszulassen.

Wenn du mich jetzt fragst, was ich persönlich glaube, ob es nicht die Möglichkeit gibt, dass nach dem Tod doch noch etwas kommt außer dem Nichts, dann sage ich: Möglicherweise übersteht unser Bewusstsein den Tod und nimmt irgendeine andere Form an. Wenn man das Bewusstsein als Energie begreift, ist das durchaus vorstellbar, da Energie in diesem Universum nicht verloren geht, sondern sich wandelt. Möglicherweise kommt aber auch wirklich nichts und es ist wie ein Filmriss.

Ich glaube, das Schlimmste, das einem passieren kann, ist, wenn man sich in der Stunde des Todes Sorgen darüber machen muss, ob es nun „nach oben" oder „nach unten" geht, nur weil man den Wahnsinn im Kopf stecken hat, der sich „Himmel und Hölle" nennt, und man sich fragen muss: „Habe ich wohl alles richtig gemacht? Was wartet jetzt auf mich? Ist es das Paradies oder die Hölle?" Es muss schrecklich sein, solche Dinge im Angesicht des

Todes im Kopf zu haben, weil man dann mit furchtbarer Angst oder mit großer Hoffnung, vielleicht mit Betteln und Wimmern geht: „Bitte geben Sie mir meinen letzten Segen, Herr Pfarrer!" – schrecklich.

Es ist bei anderen, zum Beispiel fernöstlichen, Religionen auch nicht anders, denn ob wir nun von „Himmel und Hölle" sprechen oder vom „Karma", durch das wir vielleicht wieder um eine Stufe zurückgeworfen werden, ist egal. Das ist alles der gleiche Unsinn. Es macht den Menschen nur Angst.

Vielleicht ist das der Unterschied zwischen Spiritualität und Religion: Der spirituelle Mensch möchte entdecken und erkennen, der religiöse Mensch möchte belohnt werden.

Ich glaube nicht ans Karma und nicht an Himmel und Hölle, sondern ich glaube eher, dass sich viele Menschen das Leben auf der Erde zur Hölle machen, damit sie dann in den Himmel kommen. Dieser ist nicht gewiss. Das Leben aber ist es schon. Jetzt, im Moment, leben wir beide und sterben gerade nicht.

Was wissen wir schon darüber hinaus? Wenn du das Leben in meinem Garten ansiehst, die vielen Lebewesen, die es da gibt, die Ameisen, die Schmetterlinge, die Regenwürmer, sogar die Nacktschnecken, mit denen ich inzwischen Frieden geschlossen habe –, was wissen sie vom Leben? Nichts? Alles? All das Leben um uns lebt ganz einfach und macht sich keine Gedanken über das Leben.

Es ist so faszinierend, was zum Beispiel Ameisen alles schaffen: diese Emsigkeit, diese Kraft, die sie haben, dieses zielgerichtete Agieren. All das ist unfassbar und dennoch stellt sich keine Ameise dumme Fragen wie: „Werde ich nicht vielleicht nach meinem Tod einmal ein Mensch sein?" So etwas ist kein Thema für sie. Ich glaube, wir stellen uns viel zu viele Fragen. Über sich selbst und das eigene Sein nachdenken zu können ist Fluch und Segen zugleich.

Clemens G. Arvay: Gleichzeitig birgt unsere Fähigkeit, zu reflektieren, Fragen zu stellen und nach Antworten zu suchen, auch großes Potenzial. Ich glaube nicht, dass man die große Menschheitsfrage „Warum gibt es etwas und nicht nichts?" jemals so einfach ausschalten können wird. Diese Frage übt zu große Faszination auf uns aus. Alleine die Vorstellung, dass sich da irgendwann einmal in früher Erdgeschichte in einer „Ursuppe" Zellen gebildet haben, dass darin ein genetischer Code entstanden ist, ist beeindruckend. Die Evolutionstheorie ist sehr glaubwürdig und Evolution hat stattgefunden und findet weiterhin statt. Doch obwohl wir heute eine Vorstellung davon haben, wie sich die Lebewesen im Laufe der Erdgeschichte weiterentwickelt haben und wie neue Spezies entstanden sind, ist und bleibt es ein großes Mysterium, wie es überhaupt zu dem Prinzip des Lebens gekommen ist. Dass es einen Prozess gibt, den wir als Evolution erkennen können und der zur fortwährenden Anpassung von Lebewesen an ihre Umwelt führt, ist fantastisch. Als Biologe komme ich aus dem Staunen eigentlich gar nicht mehr heraus. Je mehr ich über das Leben erfahre, desto stärker drängt sich mir die Frage auf, woher das alles eigentlich kommen mag.

Roland Düringer: Ich verstehe dich gut. Das Leben ist eben absolut unbegreiflich. Sich in der Nacht auf die Wiese zu legen und in den Sternenhimmel zu blicken offenbart uns etwas Unvorstellbares, zumal wir wissen, dass wir nur einen ganz kleinen Teil von dem, was dort oben ist, sehen können. Wir haben aber eine ungefähre Vorstellung davon, welche Dimensionen das Universum haben muss und umso unbegreiflicher wird es uns dadurch.

Die Menschen haben sich bestimmt schon vor abertausend Jahren, wenn sie in den Himmel blickten und den Mond und die Sterne ansahen, dieselben Fragen gestellt, die wir heute stellen. Sie hatten bloß etwas andere Vorstellungen davon. Vielleicht stellten Sonne, Mond und Sterne Gottheiten für sie dar, und vom Himmelszelt befürchteten sie, dass es eines Tages auf sie herunterfallen könnte. Heute wissen wir viel mehr, haben viele Erklärungen gefunden. Aber all diese wissenschaftlichen Erklärungen der Welt sind eben nur die Erklärung der Welt und nicht die Welt selbst. Zu glauben, unsere heutigen Erklärungen der Phänomene seien die Welt, so wie sie ist, erscheint mir als naiv. Es steht in den Sternen, welchen Wissenstand wir in ein paar hundert Jahren haben werden, und wie lächerlich dann die heutigen Erkenntnisse sein werden. Wir können uns einiges erklären, wissen aber noch immer nicht, was Leben ist. Welcher Wissenschaftler kann das schon beantworten?

Je mehr wir wissen, desto mehr Fragen tauchen auf. Alles wird immer komplizierter und der sogenannte „normale" Mensch, der keine Wissenschaft betreibt, um die Phänomene zu hinterfragen, wird mit immer mehr Wissen konfrontiert, das er nicht überblicken kann und das ihn überfordert. Es handelt sich aber um Wissen, das im Grunde keinen Einfluss auf unser Leben hat, außer, dass dadurch unsere Gehirne beschäftigt werden. Wenn du früher in irgendeinem Tal Bauer warst, dann waren die Dinge, die du für dein tägliches Leben wissen musstest, relativ klar abgesteckt. Was in der Antarktis passierte oder in Honolulu, war für einen Bergbauern vor 200 Jahren vollkommen bedeutungslos, weil er weder davon wusste noch das Wissen darüber benötigte. Dafür konnte er die Wetterphänomene in seinem Tal gut einschätzen und diesbezüglich Entscheidungen treffen.

Diese Flut an Information, die wir heute vor allem über die Medien geliefert bekommen, überfordert uns, ganz egal, ob sie nun durch Fernsehen, Radio, Zeitung oder Internet an uns herangetragen wird. Durch die Informationsüberflutung lösen die Medien Angstzustände, Hoffnungen und Leid in uns aus, obwohl die meisten Medieninformationen kaum Einfluss auf unser Leben haben. Wir geben den Dingen aber Bedeutung und reden mit anderen Menschen darüber. Wir plappern nach, was wir in den Medien gehört, gesehen und gelesen haben, und verkaufen das dann auch noch als unser eigenes Wissen. Man muss sich ja überall auskennen und überall mitreden können.

Für mein Experiment „Gültige Stimme" habe ich beschlossen, auf diese Form der Information zu verzichten.

Medien

Ich wollte der Frage nachgehen, wie sich mein Leben verändert, wenn ich nicht mehr fernsehe, kein Radio mehr höre, keine Zeitungen und keine Journale lese. Was entgeht mir dabei?

Es stellte sich heraus, dass sich durch den Verzicht auf Medienkonsum sehr wenig ändert, was mein eigenes Leben betrifft. Wenn wirklich etwas Wichtiges passiert – etwas „Wichtiges" unter Anführungsstrichen –, dann erfährt man es sowieso in Gesprächen mit anderen Menschen.

2013 kam ein neuer Papst. Einige Prominente verstarben. Es gab ein Jahrhunderthochwasser, Züge sind entgleist. All das ist geschehen, hat aber keinen wirklichen Einfluss auf mein Leben.

An der Straße schnappte ich neulich ein Gespräch auf: „Die Engländer sitzen noch immer vor dem Spital und warten", sagte der eine zum anderen. „Achso", dachte ich bei mir, „da ist vermutlich irgendwo in England etwas passiert. Die werden alle vor dem Spital sitzen wegen einer Seuche oder so etwas Ähnlichem und warten auf Einlass ins Krankenhaus". Aber es stellte sich heraus, dass in Wirklichkeit irgendeine britische Prinzessin ein Kind zur Welt brachte und deswegen saßen die Engländer vor dem Spital – weil sie das Baby sehen wollten.

Dass manche Engländer so bescheuert sind, dort zu sitzen und als erste wissen wollen, wie das Kind der Prinzessin aussieht, kann ich vielleicht noch nachvollziehen. Dass sich dann aber Leute in Oberösterreich, wo ich das Gespräch gehört habe, Gedanken darüber machen, dass ein paar Engländer vor einem Spital sitzen und auf das Kind der Prinzessin warten, das verstehe ich nicht mehr.

Ich kenne beide Seiten der Medien. Ich war Konsument, trat aber auch selbst regelmäßig in den Medien auf. Daher weiß ich in etwa, wie die Medienwelt funktioniert. Das, was ich in Interviews sage, unterscheidet sich oft von dem, was letztlich gedruckt wird. Selbst wenn man in Talkshows zu Gast ist, werden einige Passagen herausgeschnitten, sofern es keine Livesendungen sind. Ich kann mir ein ungefähres Bild darüber machen, wie viele Falschaussagen über die Medien transportiert werden, die nicht direkt Lügen sind, aber zumindest so etwas wie „Halbwahrheiten". Auch über mich wurde schon viel Falsches geschrieben. So etwas geschieht nicht bewusst, sondern einfach, indem irgendetwas missverstanden, oder eine Aussage aus dem Kontext gerissen und damit falsch wiedergegeben wird. Nun bin ich ja relativ bedeutungslos, es ist im Grunde völlig egal, was da über mich steht. Wenn es aber um wichtige Informationen geht, nach denen sich die Leute dann richten – darum heißt es ja auch „Nachrichten", *nach* denen *richtet* man sich –, dann macht mir die Verzerrung durch die Medien schon ein wenig Angst.

Andererseits sind diese Medien ja nichts anderes als ein Bauteil unseres Systems, in dem wir momentan verhaftet sind. Es ist nicht so, wie es manche gerne behaupten, dass nämlich die Medien die Welt regieren würden oder Teil einer Art „Verschwörung" seien.

Tatsache ist, dass es den politischen Parteien sehr wichtig ist, Einfluss auf bestimmte Medien zu haben. Die Politiker kennen einfach die Macht der Medien und wissen, dass man über die Medien die Menschen manipulieren kann. Indem man ihr Denken beeinflusst und damit letztendlich auch ihr Handeln. Weil eben, wie bereits besprochen, viele „Meinungen" in unseren Köpfen nicht auf eigenen Erfahrungen beruhen, sondern auf reinem Wiederkäuen fremder Ansichten.

Wenn wirklich alle Menschen entsprechend den Meinungen, die sie derzeit in ihren Köpfen haben, handeln würden – na dann, gute Nacht! Es bleibt zu hoffen, dass sich das eigenständige Denken wieder eingestellt hat, bis es einmal ans „Eingemachte" geht, und dass unser Handeln dann klüger sein wird als die vielen Meinungen, die wir in unseren Köpfen haben. Man sollte auf keinen Fall andere für sich denken lassen, sonst denkt man nicht, sondern man wird gedacht.

Es werden ja schon unsere Kinder in einem Bildungssystem geschult, in dem sie nicht lernen, *wie* man denkt, sondern *was* sie zu denken haben, und wie sie die Welt sehen sollen. Wenn wir lernen könnten, wie unser Gehirn funktioniert, was für ein unglaubliches Potenzial es hätte, welch ungeahnte Möglichkeiten sich für jeden von uns auftun, dann wären wir wie der Motorradfahrer, der seine Maschine versteht, da er hinter die Funktionsweise blicken kann.

Wenn du nur lernst: „Da ist das Gas, dann fährt es, und wenn ich diesen oder jenen Hebel ziehe, dann macht es das oder das", dann funktioniert das nur, solange du in einer Situation bist, die der Norm entspricht. Ändern sich die Fahrbahnverhältnisse plötzlich, dann musst du genau verstehen, wie und weshalb sich das Fahrzeug beim Unter- oder Übersteuern so oder so verhält, und welche Möglichkeiten und Potenziale deine Maschine hat. Unterschätzt man dieses Potenzial, wirft man zu früh die Nerven weg und damit das Motorrad in den Graben. So werfen wir auch oft im Alltag die Nerven weg, weil wir unser Potenzial niemals kennengelernt haben.

Wir alle sind darauf konditioniert, gewisse Dinge zu denken, die wir denken dürfen, daran halten wir uns. Tabus zu brechen wird nicht geduldet. Das wirklich eigenständige Denken zu beherrschen ist mit einem sehr langwierigen Lernprozess verbunden, in dem auch ich seit vielen Jahren stecke. Ich experimentiere damit, mich ein bisschen umzuprogrammieren und versuche, vieles, das einmal auf meine „Festplatte" gespielt wurde, zu hinterfragen und mein Gehirn teilweise neu zu „formatieren". Da sind wir nun wieder im Neurozeitalter, in dem wir unser Gehirn ständig mit Computern vergleichen. In gewisser Weise trifft dieser Vergleich ja auch zu. Die Neuformatierung gelingt mir am besten über Erfahrungen, die ich mache, nicht aber über Wiederkäuen von fremden Meinungen. Dennoch ist der Großteil von dem, was ich von mir gebe, tatsächlich Nachgeplappertes. Ich spreche ja häufig mit anderen Menschen, tausche mich mit ihnen aus und habe daher zum Teil auch Meinungen Anderer im Kopf, die mich inspiriert haben, die aber jetzt nicht unbedingt der Wahrheit entsprechen müssen.

Gerald Hüther, ein bekannter Gehirnforscher, berichtet in einem seiner Bücher darüber, wie er immer wieder aus der Stadt fährt, auf einen Berg, wo er einen Hügel hinaufwandert. Von dort aus hat er den Überblick über die gesamte Region und er sieht von oben auch die Autobahnen, die Hauptverkehrsstraßen, die Ortschaften, die Nebenstraßen und die schmalen Feldwege. Aus dieser Perspektive sieht man, was auf den Autobahnen alles los ist. Man kann den Verkehr auf den großen Straßen beobachten, erkennt aber auch die unscheinbaren Wege, auf denen niemand unterwegs ist.

Genau auf diese Weise sollten wir, so schreibt Gerald Hüther, auch unser Gehirn von Zeit zu Zeit betrachten. Wir sollten also einen Schritt aus uns heraus machen und unser Gehirn beobachten: „Wie denkt es eigentlich? Welche Wege beschreitet es, wenn es denkt?" Dann können wir uns die Frage stellen, ob es in unserem Hirn nicht auch Pfade gibt, die wir ansonsten nicht benutzen. Genau das macht ein wirklich spannendes Leben aus. Man muss bereit sein, neue Erfahrungen zu machen, neue Wege des Denkens zu beschreiten und auszubauen. Dann stellt sich wirkliches „Selbst-Denken" ein.

Wir haben ja vorher über den Tod gesprochen haben. Wenn die letzte Stunde schlägt, ist es doch wunderschön, zu wissen, dass man im Leben viele unterschiedliche Erfahrungen gesammelt hat – ganz egal, wie lange das Leben gedauert hat. Ein langes Leben ist nicht zwingend notwendig, um Weisheit zu erlangen. Weise wird man nur, wenn man immer wieder loslässt, neue Erfahrungen macht, neue Wege ausprobiert und immer wieder etwas verändert. Jemand, der 70 Jahre lang demselben Unsinn folgt, ist auch nach 70 Jahren nicht weise.

Was tun wir eigentlich, wenn wir Medien konsumieren? Wir beschäftigen uns in dem Moment vor allem mit den Leben anderer Menschen. Das kann ab und zu angenehm sein, weil man sich dann auch ein wenig vom eigenen Leben, von den eigenen Problemen, ablenken kann. Es ist immer einfacher, sich Gedanken über das Leben der Anderen zu machen als über das eigene. Aus diesem Grund mögen wir diese Mediengeschichten vermutlich so gerne, die uns präsentiert werden und in denen es ständig um die Probleme, die Sorgen, aber auch um die Freuden Anderer geht. In den neuen Medien erscheint uns das schon etwas anders. Da geht es scheinbar auch um uns, und Jeder hat die Möglichkeit, aktiv an dieser neuen Medienwelt teilzunehmen. Man wird zur handelnden Person und kann sich so aus der Opferrolle holen, kann vom Opfer quasi zum „Täter" werden. Dem Internet und den sozialen Medien sagt man ja nach, sie könnten die Welt verändern.

Ich versuchte also, herauszufinden, ob das Internet wirklich so eine Macht hat, wenn es darum geht, Dinge in der realen Welt in Bewegung zu setzen. Auf der Straße hatte mich zufällig eine Dame angesprochen, die für ein Kindertagesheim in Afrika Geld sammelt. Sie fragte mich, ob ich für ihr Projekt eine Benefizvorstellung geben würde. Ich dachte mir, wir probieren das gleich etwas anders. Also startete ich ganz einfach einen Aufruf im Internet. Immerhin haben sich auf meinem Webblog etwa 10.000 Besucher selbst als gültige Stimmen geoutet, also die Bereitschaft kundgegeben, für Veränderung einzutreten, Systeme zu verlassen und Eigenverantwortung für ihr Leben zu übernehmen. Ich gab die Kontonummer des Vereins, der für die Errichtung dieser Tagesheimstätte für Kinder in Swasiland Geld sammelt, bekannt. Jeder, der sich als gültige Stimme verstand, sollte einen Euro spenden. Bei 10.000 Stimmen hätten wir 10.000 Euro zusammenbekommen. Wer nicht spenden wollte, sollte stattdessen eine E-Mail an den Verein senden und kurz begründen, weshalb er oder sie diesen Euro nicht spenden wollte. Das ist ja völlig legitim, da man niemanden zum Spenden zwingen kann.

Von den 10.000 gültigen Stimmen reagierten insgesamt circa 500 durch eine Geldspende *oder* durch das Versenden einer E-Mail, wobei sich etwa 100 – vielleicht waren es 130 – für die Spende entschieden. So viel bleibt dann von der „Macht" des Internets übrig, wenn es um konkretes Handeln geht. Von 10.000 Menschen haben 500 reagiert, also fünf Prozent. Diese Rate wäre super, wenn ich meinen Aufruf an irgendeine anonyme Masse gerichtet hätte. Meine 10.000 Zuseher sind aber Menschen, die bereits eine erhöhte Bereitschaft haben, aktiv etwas in Bewegung zu setzen. Daher sind fünf Prozent nicht viel. Ich schließe daraus, dass meine Webseite und auch mein Youtube-Kanal für die Zuseher hauptsächlich Unterhaltungswert haben.

Aber jetzt kommt die gute Nachricht: Trotzdem kamen durch die „Gültigen Stimmen" mehr als 7.000 Euro zusammen. Nicht, weil die Masse einen Euro pro Person gab, sondern weil eine Minderheit sehr viel mehr gab. So glaube ich, dass nicht die Mehrheit für Veränderung und Handeln steht, sondern die Minderheit. Veränderungen zum Wohle der Menschen sind immer von begeisterten und engagierten Minderheiten ins Rollen gebracht worden und niemals von der breiten Masse. Wahrscheinlich kann auch deswegen ein Mehrheitswahlrecht nur schwerlich für Veränderung sorgen. Mehrheiten stehen für Stillstand und für Sicherheit, aber gegen die Freiheit ... weil Freiheit ja Verantwortung bedeutet. Und Verantwortung können nur Einzelne übernehmen, nicht aber die Massen. Innerhalb einer Masse wird die Verantwortung oft auf Andere abgewälzt. „Man müsste endlich ... da sollte man wirklich einmal ...", oder am liebsten: „*Die* sollten endlich einmal dieses oder jenes tun."

Ich führte noch einen weiteren Versuch durch. Ich kaufte mir etwa zehn verschiedene Zeitschriften: Motorzeitschriften, Modejournale, irgendwelche Illustrierten und Nachrichtenmagazine. Aus diesen Heften schnitt ich dann alle Werbeanzeigen heraus und warf sie auf die Waage. Ein Drittel des Gewichts der Zeitschriften war Werbung. Damit meine ich dezidiert *Werbung*, die ganz klar als solche erkennbar ist. Die versteckte Werbung, die in manchen Artikeln zu finden ist, habe ich gar nicht berücksichtigt. Wenn ich mir Zeitschriften kaufe, bezahle ich damit also auch für plumpe Werbeinserate, die ein Drittel des Gewichts ausmachen. Wahrscheinlich greift dieser Gedanke etwas zu kurz, da es die restlichen zwei Drittel ohne den Verkauf von Inseraten ja nicht gäbe. Printmedien wären dann nicht finanzierbar. Aber für mich ist es trotzdem ein Grund, Zeitschriften nicht mehr zu kaufen, weil für mich auch ein Nein zum „Konsumismus" wichtig ist, der uns ja in vielen Facetten ständig begegnet.

Es dreht sich alles nur ums Kaufen und Verkaufen, ums Geld machen, ums Habenwollen. Was würde sich jemand denken, der aus der Vergangenheit in unsere Zeit reist? Auf einen solchen Zeitreisenden muss das alles vollkommen verrückt wirken. Alleine die Lohnarbeit, die wir leisten, ist oft sinnlos und absurd: Fünf Tage pro Woche an einem sinnentleerten Arbeitsplatz zu verbringen, um das Geld dann in der Freizeit, also in der Zeit des „Verkonsumierens von Arbeitszeit", wieder auszugeben, noch dazu oft für Dinge, die man nicht braucht. Für Besitz, der dich eines Tages besitzt. Ist das nicht seltsam?

Arbeit und Konsum

So vieles von dem Zeug, das ich mir in meinem Leben gekauft habe, war vollkommen sinnlos und landete letztlich auf der Müllhalde. Einiges verschenkte ich auch, ohne es je wirklich genutzt zu haben.

Für jedes Teil, das du dir anschaffst, wurden Ressourcen verbraucht und mussten Menschen arbeiten. Rohstoffe wurden dem Planeten entnommen, und dann landet das alles im Müll. Es ist egal, ob es sich um eine Hose handelt, die zwei Jahre lang hält, oder um ein Haus, das für Jahrzehnte steht. Irgendwann müssen wir alles entsorgen – oder zumindest die Materialen, aus denen die Objekte bestanden haben. Man könnte sagen, wir sind Konverter. Wir wandeln Ressourcen, also Bodenschätze, in Müll um. Das tun wir in phänomenal großem Stil.

Bei Dingen, die wir wirklich benötigen, ist das noch zu verstehen. Aber wie vieles von dem, was weggeworfen wird, brauchen wir wirklich? Ein Einkaufszentrum, ein Supermarkt sind Zwischenlagerstätten für Industriegerümpel und letztlich für Müll. Das wird alleine dann schon ersichtlich, wenn man sich bewusst macht, wie viel dort an Plastik und Verpackungsmaterial täglich über den Ladentisch wandert. Wir tauschen einen beträchtlichen Teil unserer Arbeitszeit gegen Industriegerümpel ein. Das ist doch vollkommen verrückt. Beim Betreten eines Einkaufszentrums oder eines Supermarktes habe ich manchmal wirklich das Gefühl, ich betrete eine geschlossene Anstalt, in der der Wahnsinn frohe Umstände feiert. Deswegen halte ich mich von solchen Orten fern.

Wenn alle wie Lemminge irgendeiner Sache nachlaufen oder in ein bestimmtes Geschäft strömen, bedeutet das für mich nicht, dass es deswegen richtig sein muss, es so zu tun – bloß weil es alle machen. Ich gehe inzwischen schon davon aus, dass etwas, das alle tun, riesengroßer Unsinn sein muss, von dem ich besser die Finger lassen sollte. Ich habe glücklicherweise das Privileg, bei den meisten Dingen nicht mitmachen zu müssen. Ich fahre immer in die andere Richtung: Wenn ich nach Wien arbeiten fahre, dann fahre ich in die Richtung, wo gerade kein Stau ist. Alle bewegen sich aus der Stadt, ich mich in die Stadt hinein. Ich fahre nicht am Wochenende ins Grüne, ich lebe im Grünen und fahre, falls ich Lust dazu verspüre, am Wochenende in die Stadt. Die Selbstständigkeit und die Freiheit, die mir mein Beruf bietet, sowie die damit verbundene Möglichkeit, Entscheidungen selbst zu treffen, sind das eigentliche Fundament. Erst diese Rahmenbedingungen ermöglichen mir, vieles zu hinterfragen. Ich weiß nicht, welche Bedürfnisse und Gedanken ich in meinem Kopf hätte, wenn ich – so wie viele andere – im sprichwörtlichen „Hamsterrad" laufen müsste. Dafür habe ich sehr, sehr dankbar zu sein.

Clemens G. Arvay: Ich bin derzeit in der Situation, dass ich vom Bücherschreiben gerade so über die Runden komme, sofern ich sparsam lebe. Ich arbeite sehr viel, aber ich kann mir den Ort und die Zeit meiner Arbeit meistens selbst aussuchen. Dadurch kann ich ein wenig nachvollziehen, was du meinst.

Das Gefühl, nicht mit dem Strom schwimmen zu müssen, sich nicht um sieben Uhr morgens in die Rush Hour stürzen zu müssen, ist sehr viel wert. Ich bin auch froh, dass mir nicht irgendein Chef, dem es womöglich nur um Geld geht, vorgibt, was ich zu sagen oder wie ich zu arbeiten habe. Es ist gut, sich bei dem, was man tut – oder was man als Autor schreibt – nur auf das eigene Gewissen verlassen zu müssen. Die Sehnsucht nach einer Arbeitswelt, die Sinn stiftet und in der ich nichts tun muss, was ich nicht vertreten kann, ist in mir so stark, dass ich selbst dann noch als freier Autor leben würde, wenn ich dabei am Existenzminimum leben müsste. Ich würde diesen Weg trotzdem weitergehen. Dass die Sehnsucht nach dieser Freiheit, nach der Möglichkeit, dem eigenen Herz zu folgen und sich nicht beugen zu lassen, nicht alle Menschen zu gewissen Wagnissen treibt, ist mir nicht ganz verständlich.

Roland Düringer: Ich frage mich oft, ob nicht viele andere Menschen durchaus die Möglichkeit hätten, anders zu agieren. Müssen sie wirklich an fünf oder sechs Tagen pro Woche um acht Uhr morgens im Stau zur Arbeit fahren – und alle immer zur selben Zeit? Einige haben gewiss keine andere Möglichkeit, andere *glauben* aber vielleicht nur, sie müssten es so tun. Oder reden sie sich ein, dass sie das freiwillig machen? Sie glauben womöglich, dass diese gemachten Bedürfnisse ihre eigenen sind.

Clemens G. Arvay: Einige Dogmen unserer Zivilisation scheinen in der Tat „gemacht" zu sein. Man glaubt, 40, 50 oder manchmal auch 60 Wochenstunden Lohnarbeit nach den Vorstellungen und Vorgaben anderer Menschen, die zufällig mehr Geld haben als man selbst, seien der einzige realistische oder gangbare Weg. Wir sind es so gewohnt. Dadurch kommt es auch zur Verschiebung der Wertigkeit von Arbeit. Plötzlich ist beispielsweise die Leistung der Handwerker oder der Bauern, die wirklich produktive Arbeit vollbringen, fast nichts mehr wert, während Managerinnen und Manager im Büro unverhältnismäßig viel mehr verdienen als jemand, der grundlegende Werte für die menschliche Existenz liefert.

Roland Düringer: Du hast es auf den Punkt gebracht. Wenn es eines Tages heißt: „Leb wohl, Schlaraffenland", dann werden alle, die jetzt vor Computern sitzen, virtuelle Güter erzeugen, die es eigentlich gar nicht gibt, und herumtelefonieren, wimmernd zu denen kriechen, die etwas produzieren können, was wir wirklich brauchen. Das können landwirtschaftliche Produkte sein, genauso wie handwerkliche Erzeugnisse und Leistungen. Eines Tages werden wieder Dinge gefragt sein, die handfesten Wert für die Menschheit haben. Viele Arbeiten, die vor dem Computer stattfinden, werden überflüssig sein.

Marketingexperten – derzeit hochbezahlt – werden vielleicht nutzlos sein. Ganz „wichtig" ist im Moment das „Eventmanagement". So etwas zu beherrschen ist natürlich sehr „bedeutend". *(lacht)*

Ganze Industriezweige tun nichts anderes, als künstliche Bedürfnisse zu erzeugen. Es geht darum, die Menschen zum Kauf von Dingen zu bewegen, die niemand braucht. Schade, dass Menschen, die solche Aufgaben erfüllen, ihre Energie nicht für sinnvolle Dinge aufwenden. Im Marketing finden sich zum Teil sehr kreative Köpfe. Diese könnten auch etwas anderes ausprobieren, aber leider lockt viele Menschen das Geld, das man mit Werbung verdienen kann.

Auch Werbung kenne ich aus der Perspektive hinter den Kulissen. Manchmal hatte ich das Gefühl, in dieser Branche spielt Geld keine Rolle mehr. Ich habe selbst erlebt, welche verhältnismäßig geringen Budgets in Österreich oder Deutschland oft für ganze Kinospielfilme zur Verfügung stehen, und welch ein Vermögen im Vergleich dazu für einen 30 Sekunden langen Werbespot verprasst wird. Angesichts dessen könnte man in Tränen ausbrechen.

Die „Bedürfnisindustrie" erzeugt Bedürfnisse, um diese dann ausbeuten zu können und uns massenweise ihr Industriegerümpel zu verhökern, von dem ein großer Teil mit Sicherheit auf der Müllhalde landen wird, da diese Dinge eigentlich keinen Wert haben. Ihr Wert wurde uns nur vorgetäuscht.

Wann immer ich in einen Baumarkt gehe, sehe ich lauter Werkzeugimitate. Wirklich gutes Werkzeug kostet etwas, aber dafür taugt es auch zum Arbeiten und man besitzt es in vielen Fällen ein Leben lang. Ein Werkzeugimitat sieht optisch gut aus und trägt auf der Verpackung möglichst viele „Gütesiegel". Ebenfalls im Preis inbegriffen ist das baldige Kaputtgehen.

Der Sinn eines guten Werkzeugs wäre, es ständig im Einsatz zu haben und damit etwas zu leisten oder zu produzieren. Auch ein Sessel wird erst zum Sessel, indem ich auf ihm sitze. Wenn der Sessel nur herumsteht, ist er kein Sessel, sondern ein Zierobjekt. Wenn ich mir unzähliges Werkzeug anschaffe – Schlagbohrmaschine und Hobel, Meißel, Hammer und Elektrowerkzeug –, ist dieser Kaufakt völlig idiotisch, sofern ich mit den Geräten nicht regelmäßig arbeite.

Jeder Akt des Konsums kostet mich ein Stück meiner Lebenszeit. Und diese möchte ich lieber mit sinnvollen Aktivitäten verbringen, nicht aber, um der Industrie gute Einnahmen zu verschaffen und um damit Arbeitsplätze zu sichern, nämlich Arbeitsplätze, die so sinnentleert sind, dass sie die meisten Menschen gar nicht wollen, aber leider brauchen, um ihrerseits Industriegerümpel zu erwerben, wodurch sie selbst auch sinnentleerte Arbeitsplätze sichern.

Alles, was wir uns als Besitz anschaffen, besitzt letzten Endes *uns*. Daher sagt man: „Besitz besitzt". Ich bin ein Paradebeispiel dafür. Ich schaffte mir irrwitzig viele Dinge an, um die ich mich kümmern musste. Ich durfte erkennen, wie schwer es ist, das alles wieder loszuwerden.

Etwas zu kaufen ist eine einfache Aufgabe. Etwas zu verkaufen ist hingegen viel schwieriger.

Clemens G. Arvay: Es ist teilweise auch kaum mehr zu glauben, welch sinnentleerten Müll uns so mancher Konzern andrehen will. Ich erinnere mich an eine Situation, in der ich ziemlich perplex war. In einem Laden in Wien stieß ich doch tatsächlich auf künstlichen Christbaumschnee, der dort verkauft wurde.

Roland Düringer: Also künstlicher Christbaumschnee hat aus meiner Sicht im Ranking der sinnlosen Produkte wirklich einen Platz ganz weit vorne verdient. Puh, ja, das ist schon ziemlich weit vorne. Aber offenbar gibt es jemanden, der so etwas „braucht", denn sonst würde es nicht angeboten werden.

Wahrscheinlich ist vielen ohnehin egal, was sie kaufen. Es ist eigentlich der Akt des Kaufens, der uns reizt. Auch mir ging es früher weniger darum, die Dinge zu besitzen, als darum, sie zu kaufen. Mich reizte die Herausforderung, seltene Autos aufzutreiben. Ich ließ sogar welche aus Japan über England importieren, die es bei uns in Europa nie gab. Die „Jagd" danach war das Spannende, der Akt des „Erlegens" oder einfach die Vorfreude. Danach steht das

Auto in der Garage und, naja, man hat es dann eben. Schon sucht man sich etwas Neues. Das ist die große Misere mit dem Konsum. Durch das Kaufen kompensieren wir Mängel. Möglicherweise belohnen wir uns durch Konsum auch selbst für unseren Fleiß.

Durch ein Einkaufszentrum zu gehen raubt mir inzwischen regelrecht meine Energie. Ich könnte stundenlang durch einen Wald laufen, über eine Wiese schlendern. Dort tanke ich Energie. Eine Stunde in einer Shopping City saugt mich hingegen aus. Ich verstehe nicht, wie Menschen es aushalten, dort zu arbeiten. Man müsste bei allem, was dort angeboten wird, nachfragen, wo es eigentlich herkommt, und was alles getan werden musste, damit es da sein kann – noch dazu zu meist viel zu niedrigen Preisen. In diesem Überangebot, dem wir ausgeliefert sind, können wir uns mit den einzelnen Waren und ihrer Entstehung unmöglich auseinandersetzen.

Wir konsumieren die ganze Zeit und wir konsumieren inzwischen sogar schon Menschen. Selbst die Liebe wird manchmal zum Konsumerlebnis: „Ah, wenn ich diese Frau erobere, dann ...!" Oder umgekehrt bei Frauen: „Wenn ich erst jenen Mann gewonnen habe ...!" Nach einer Zeit folgt dann wieder der Absturz. Dann braucht man etwas anderes, *jemand* anderen.

Ich schätze mich mittlerweile so ein, dass ich gut darüber lachen kann, was man mir alles verkaufen will. Das war nicht immer so – um Gottes Willen nein! Ich tappte in jede Konsumfalle, in die man nur tappen konnte. Aber das ist jetzt vorbei.

Wir haben nur einen Planeten und wollen endloses Wachstum. Jedes Kind kann diese Rechnung nachvollziehen: Steigt die Wachstumsrate auf dem begrenzten Mutterschiff „Erde" Jahr für Jahr an, und produzieren wir immer mehr, um die Wirtschaft anzuheizen, dann bedeutet das auch einen exponentiell in die Höhe schießenden Ressourcenverschleiß. Obwohl wir wissen, dass die

Ressourcen knapper werden, streben wir nach mehr wirtschaftlichem Wachstum. Das wird nicht mehr lange so gehen.

Wir wissen auch, dass diejenigen, die bis jetzt sehr geringe ökologische Fußabdrücke hinterlassen haben, nun anfangen, uns in Riesenschritten nachzueilen und ebenfalls viel zu große Fußabdrücke zu hinterlassen. Ich spreche von Indien, China, Südamerika und vielen anderen. Wollen wir denen dann sagen: „Ihr dürft es nicht so machen wie wir?"

Clemens G. Arvay: Globale Kontexte zu berücksichtigen ist jetzt sehr wichtig. Für den Hunger in der Welt sind wir hier im „Westen" mit verantwortlich. Ich habe für meine Bücher intensiv in der europäischen Lebensmittelindustrie recherchiert. Die Geflügelindustrie zum Beispiel exportiert zu Dumpingpreisen Unmengen an Hühner- und Putenfleisch, das bei uns niemand mehr kaufen möchte. Der europäische Markt beschränkt sich zum größten Teil auf Brustfleisch.

In den riesigen Schlachthöfen, in denen inzwischen auch Bio-Tiere am Fließband getötet werden, fallen Unmengen von Fleischanteilen an, die zum Teil entsorgt und zum Teil in andere Kontinente exportiert werden.

In Afrika wird das Fleisch aus Europas Industrie dann – oft verseucht durch die langen Transportwege – zu Billigpreisen am Markt verkauft. Die lokalen Landwirte können nicht mithalten und afrikanische Geflügelbauern verlieren ihre Existenzgrundlage. In Südamerika und Asien geschieht Ähnliches.

Gleichzeitig stammen aus solchen Regionen aber oft die Futtermittel, mit denen die Tiere in europäischen Mastanlagen gefüttert wurden. Das macht die Sache so richtig anstößig.

Wir haben also eine völlig außer Rand und Band geratene Lebensmittelindustrie, die in ihrem Profit- und Wachstumswahn die ganze Welt auf den Kopf stellt. Obwohl wir die Zusammenhänge zwischen unserem Überfluss und dem Mangel in den Ländern des Südens kennen, unternehmen die Konzerne durch ihre Werbemaßnahmen weiterhin alles, um den Geflügelkonsum in Europa noch mehr anzukurbeln.

Roland Düringer: So geht es immer weiter: Mehr, mehr und noch mehr. Maßlosigkeit und Gier sind groß geworden, und zwar nicht deswegen, weil die Menschen jetzt schlechter sind als früher, sondern weil sie die Möglichkeit zum maßlosen Konsum haben.

Früher war es so: Wenn ich ein Tier essen wollte, musste ich es töten. Die Fleischindustrie hat das geändert. Wir können den Akt des Tötens nun aus dem Fleischkonsum ausblenden. Ich war als Kind bei Schweineschlachtungen dabei – meine Verwandten sind Bauern – und das waren keine schönen Erlebnisse. Es ist aber das, was es ist. Ich selbst setze mich für einen anderen Umgang mit Tieren ein. Ich finde es einfach widerwärtig, wie mit anderen Lebewesen umgegangen wird. Es ist beschämend. Das bedeutet aber in meinem Fall nicht, dass ich Vegetarier bin oder mich vegan ernähre. Wenn ein befreundeter Jäger bei der Jagd erfolgreich war und mir hin und wieder ein Stück vom wunderbaren Wildschinken zukommen lässt, ist das jedes Mal ein kleines Fest. Vielleicht liege ich ganz falsch, aber ich glaube, dass wir in unserer Klimazone – wenn das Schlaraffenland vorbei ist – Tiere essen werden müssen, um zu überleben. Nur muss man dann auch den Mut haben, Tiere zu töten. Ich denke, dass der Mensch ein Recht hat, Tiere zu töten, um zu überleben. Wir haben aber kein Recht zur Massentierhaltung oder gar für Tierversuche. Vegan zu leben ist wohl auch eine Form von Luxus. Alle, die heute vegan leben, sind fremdversorgt und sind darauf angewiesen, dass sie im Winter von irgendwoher Lebensmittel bekommen.

Clemens G. Arvay: Dasselbe betrifft aber auch diejenigen, die Fleisch essen. Auch sie sind derzeit fremdversorgt. Wenn nicht das Fleisch selbst von weit her kommt, dann in den meisten Fällen zumindest die Futtermittel. Man darf auch nicht vergessen, dass in der Tiermast noch mehr pflanzliche Produktion notwendig wird als beim Anbau für den menschlichen Verzehr.

Der Fleischkonsum in Europa ist viel zu hoch. Wir hätten weltweit ausreichend Agrarflächen zur Verfügung, um elf oder zwölf Milliarden Menschen zu ernähren. Wir sind aber nur sieben Milliarden und dennoch hungert eine Milliarde permanent. Dies liegt am hohen Fleischkonsum im „Westen". Durch die Tiermast geht zehnmal so viel Nahrungsenergie verloren wie bei vegetarischer Ernährungsweise. Das liegt daran, dass die Tiere im Laufe ihres Lebens durch ihren eigenen Stoffwechsel sehr viel verbrauchen. Sie müssen ja mit pflanzlichen Erzeugnissen gefüttert werden, die auch irgendwo angebaut werden müssen.

Roland Düringer: Ja, aber du könntest – wenn du einen kleinen Gemüsehof betreiben würdest – hier in unserer Klimazone von dem, was du selbst anbaust, nicht überleben.

Clemens G. Arvay: Wie gesagt: Auch die Futtermittel für die Tiermast müssen irgendwo angebaut werden. Nur Wiederkäuer – also bei uns vor allem die Rinder – können im Idealfall das Grünland direkt nutzen.

Ich kenne übrigens Bauern, die sich auch im Winter aus eigener Produktion ernähren. In der kalten Jahreszeit konsumieren sie Lagerobst, Lagergemüse, stattliche Kürbisse, Getreide und Hülsenfrüchte sowie Haltbargemachtes. Ich möchte damit nur sagen, dass es in unseren Breitengraden grundsätzlich möglich ist, auch im Winter regionale Lebensmittel zu konsumieren.

Roland Düringer: Das steht außer Zweifel. Die Frage ist aber, ob das auch vegan funktioniert, also gänzlich ohne Tierprodukte – auch ohne Milch und Eier. Kann ein veganer Bauernhof im Waldviertel eine ganze Familie versorgen? Gut, vielleicht wäre es möglich. Aber ein Schwein oder eine Ziege hat so mancher Familie schon über den Winter geholfen. Auch die Jagd ist zur Lebensmittelproduktion für mich akzeptabel. Massentierhaltung und Schlachthöfe gehören aber boykottiert. Für mich ist das größte Problem, dass die industrielle Schlachtung von Tieren hinter verschlossenen Türen stattfindet und die Werbung darüber hinwegtäuscht. Dazu fällt mir ein Werbeplakat von *Ja!Natürlich* ein. Das ist die Bio-Marke von REWE in Österreich. Zu sehen ist eine Kuh, die genussvoll in den Sonnenuntergang blickt. Sie sieht aus wie gezeichnet, ich bin mir gar nicht sicher, ob es eine echte Kuh ist. Das Problem ist, dass sie bereits mit dieser Abbildung lügen, denn in Wirklichkeit hätte die Kuh Ohrmarken aus Plastik. Warum hat die Kuh auf dem Plakat so etwas nicht? Lebt sie nicht in der EU? Kann es überhaupt eine Kuh von *Ja!Natürlich* sein? Solche Fragen sollte man sich eigentlich stellen, wenn man ein Werbeplakat betrachtet.

Das Schöne ist, dass diese Art der Werbung bei mir ganz wunderbar funktioniert. Ich sehe das Plakat und denke mir: „Gut, dort kaufe ich nie wieder ein!" Ich bemerke ein anderes Werbeplakat und sage: „Auch denen kaufe ich nie wieder etwas ab, weil sie mich anlügen." Und von Lügnern kaufe ich aus Prinzip nichts.

Es gibt Menschen, die kaufen, und Menschen, die verkaufen. Es ist ganz egal, woher du kommst, welche Hautfarbe du hast, ob du männlich oder weiblich bist, alt oder jung: Entweder du bist Käufer oder du bist Verkäufer. Jetzt kommt das Interessante daran: Deine Zugehörigkeit ändert sich quasi stündlich. Wir kennen beide Seiten und verhalten uns beim Kaufen anders als in der Lage des Verkäufers. Möchte ich etwas kaufen, so soll es möglichst billig sein. Will ich hingegen etwas verkaufen, so strebe ich einen möglichst hohen Gewinn damit an. Das pendelt hin und her – den ganzen Tag lang. Wir kaufen, wir verkaufen.

Wir verkaufen unsere Arbeitsleistung und unsere Zeit und dafür kaufen wir Industriegerümpel. Der Autoverkäufer verkauft ein Auto an den Hausverkäufer und drei Wochen später kauft er bei diesem ein Haus. Wir alle sind Teile des großen Spiels und daher ist es so schwierig, gegen den Wahnsinn anzukämpfen. Es gibt nicht *den* Verantwortlichen. Gäbe es die einen, die nur verkaufen, und die anderen, die ständig kaufen müssen, wäre das Spiel einfacher zu durchschauen. Dann würden sich irgendwann die Käufer gegen die Verkäufer auflehnen.

Nun kann jeder für sich in bestimmten Bereichen Abstriche machen und zum Beispiel beschließen, keine Kleidung mehr zu kaufen, die durch Kinderarbeit hergestellt wurde. Ein anderer fährt nur mehr mit öffentlichen Verkehrsmitteln und ein dritter entschließt sich dazu, vegan zu leben. Meistens handelt es sich aber nur um Teilbereiche des Lebens. Wer vegan lebt, fährt vielleicht noch immer Auto. Jemand anderer fährt mit dem Fahrrad, isst aber dreimal in der Woche Fleisch.

Meine Schwachstelle ist das Motorradfahren, darauf will ich einfach nicht verzichten. Und so hat jeder Mensch entweder mehr oder weniger solcher Schwachstellen. Man trennt Müll, steigt aber dreimal pro Jahr ins Flugzeug, um Urlaub zu machen.

Das Wichtigste ist, den Unterschied zwischen „brauchen"
und „wollen" zu erkennen.

Bevor ich mit meinem Projekt „Gültige Stimme" anfing, erzählte ich dir, Clemens, von meinem Vorhaben und auch von meiner Idee des Videotagebuchs. Du warst damals gerade aus England zurückgekommen – von deiner Expedition in die Biolandwirtschaft für dein Buch „Friss oder Stirb". Wir sahen uns bei mir zu Hause auf der Leinwand viel von dem Material an, das du mit deiner Filmkamera eingefangen hattest – es waren vor allem Interviews, aber auch ein paar Landschaftsaufnahmen und Szenen aus der Bio-Massentierhaltung. Ich erinnere mich, wie begeistert wir beide von der tollen Bild- und Tonqualität waren.

„So eine semiprofessionelle Filmkamera wäre doch eigentlich die ideale Investition, um mich für mein Videotagebuch zu filmen", sagte ich damals. Ich wollte ja, dass das Bild gut aussieht.

Ich recherchierte im Internet und sah, dass es inzwischen schon ein neueres Modell der Kamera gab. Ich las dann Tests und Kundenmeinungen über die Kamera, wobei manche auch schrieben, die Kamera sei doch nicht so gut. Du sagtest, das sei sie schon.

Jedenfalls beschäftigte ich mich mit dem Gerät und dachte sogar darüber nach, zwei Kameras zu kaufen, um aus verschiedenen Perspektiven filmen und das Ganze dann zusammenschneiden zu können. Ich suchte und suchte im Internet nach Kameras, bis ich mir dachte: „Wozu eigentlich? Ich mache einen Versuch, in dem es um Reduktion geht, und fange damit an, mir eine teure Filmkamera zu kaufen? So kann das doch nicht funktionieren!"

Es musste eine einfachere Lösung geben, und die bestand darin, schlicht und ergreifend die Webcam zu verwenden, die bereits in meinen Laptop eingebaut war.

In dieser Situation konnte ich an mir selbst beobachten, wie der Unterschied zwischen dem Wollen und dem Brauchen oft verschwimmt. Ich *wollte* diese Filmkamera haben und suchte nur nach einem Grund, sie zu „brauchen". Ich war einfach geil auf das Ding geworden, wollte mir aber vormachen, dass der Kauf der Kamera wirklich sinnvoll und notwendig gewesen wäre. Dass es professioneller wäre, eine solche Kamera zu verwenden und so weiter.

Wir reden unseren Konsum vor uns selbst ständig schön und betrügen uns dabei. Man kann scheinbar jeden Kaufakt vernünftig erklären: Man kauft sich deswegen einen SUV, obwohl man in der Stadt lebt, weil die Sicherheit der Kinder so wichtig ist. Daher braucht man in der Stadt plötzlich einen großen Geländewagen. Man lügt sich einfach furchtbar an, biegt sich alles zurecht, wie man es gerne sehen möchte. Genau so schwindelte ich mich wegen der Filmkamera an. Und dabei stieß ich auf eine riesengroße Lebenslüge, auf die „Konsumlüge".

Mein Videotagebuch hat inzwischen weit über hundert Einträge und wird gut besucht – auch ohne diese Kamera.

Ich stellte mir also selbst folgende Regel auf: Wenn ich das Gefühl habe, ich brauche etwas, dann gehe ich in den Laden, schaue mir das Objekt an, kaufe es aber zunächst nicht. Ich muss erst eine „Abkühlphase" von ein bis zwei Wochen einhalten. Danach erst treffe ich die Entscheidung für oder gegen den Kauf. In vielen Fällen stellt sich dann heraus, dass ich das Ding, das ich im Auge hatte, gar nicht brauche, sondern nur haben will. Früher konnte ich nicht abwarten und überlegen, sondern wollte immer alles sofort haben, worauf ich geil war. Ich setzte dann alle Hebel in Bewegung, um so schnell wie möglich zuzuschlagen. Das klingt doch schon sehr nach Sucht, nicht wahr?

Als Kind war für mich zu Weihnachten eigentlich die Zeit am schönsten, bevor das „Christkind" kam. Die Vorfreude auf die Geschenke ist die eigentliche Freude. War das Christkind erst einmal da, hatte man vielleicht noch eine Zeit lang Spaß mit den Spielsachen, und dann war der Zauber wieder vorbei. Was glaubst du, wie langweilig es wäre, wenn jeden Tag Weihnachten wäre?

Wir erfinden ständig neue Anlässe, um uns etwas zu kaufen, uns gegenseitig zu beschenken, irgendetwas zu feiern oder uns mal wieder sinnlos betrinken zu können. Zur Füllung der

Leerphase, in denen früher nichts dergleichen war, haben wir inzwischen Halloween entdeckt, damit es immer einen Grund gibt, alle Geschäfte mit Konsumobjekten zu füllen.

Kaum verschwinden die orangenen Halloweenkürbisse aus den Regalen, kommen schon wieder die roten Nikolausfiguren. So geht das ständig dahin. Durch unser Verhalten entzaubern wir so viele Dinge. Wir entwerten sie.

Wenn man nur fünfmal pro Jahr Fleisch isst, dann ist es jedes Mal ein besonderes Geschmackserlebnis. Wenn ich aber dreimal pro Tag Fleisch esse – am Morgen schon den Schinken auf dem Brot, zu Mittag ein Cordon Bleu und abends noch einmal ein Wurstbrot – wo ist dann der Reiz des Fleisches? Es gibt ihn nicht mehr. Die Menge macht den Wert aus. Es gibt unzählige schöne Dinge, die wir uns kaputtmachen, weil wir so viel davon konsumieren, dass es langweilig wird. Erich Fromm spricht vom Überfluss, der zum Überdruss wird.

Clemens G. Arvay: Wir sind zu Konsumjunkies geworden.

Roland Düringer: Das trifft es: Wir sind konsumsüchtig. Es geht aber nicht nur um Konsumgüter, sondern auch um andere Dinge im Leben. Von allem wollen wir immer mehr, bis es irgendwann „bumm" macht, und alles wertlos wird. Die Wege aus dieser Sackgasse sind vermutlich für jeden Menschen individuell unterschiedlich.

Dass auch ich früher immer mehr wollte, führte dazu, dass ich mich körperlich nicht mehr wohlfühlte. Ich war einfach überfordert. Nicht, dass ich nahe dem Burn-out war, aber die Richtung, die ich eingeschlagen hatte, war keine gute.

Ich fing an, mich selbst so zu sehen, wie mich andere sahen, und das ist in meinem Beruf, in dem man in der Öffentlichkeit steht, sehr gefährlich. Man gerät nur allzu leicht in Versuchung, zu glauben, man sei ein „Star" oder irgendjemand besonderer. Die Leute wollen Autogramme von dir, sagen dir, dass du super bist, dass sie dein größter Fan sind. So kann man sehr leicht in die Falle tappen, wenn man nicht rechtzeitig die Bremse zieht. Ich sagte dann: „Nicht mit mir!" Ich bin das, was ich bin, auch ohne beruflichen Erfolg und öffentliches Getue. Ich brauche das alles nicht mehr.

Clemens G. Arvay: Du hast erzählt, dass du in den Zeiten deiner größten Erfolge auch körperliche Anzeichen des Drucks, der auf dir lastete, feststellen konntest. Wie hat sich das geäußert?

Roland Düringer: Bei mir war es vor allem der Stimmapparat, der in Mitleidenschaft gezogen wurde. Ich spielte sechsmal pro Woche auf der Bühne, und es war eigentlich immer so, dass ich heiser ins Bett ging, mit der Hoffnung, die Heiserkeit am Morgen nicht mehr zu spüren. Es verschlechterte sich aber über Nacht. Ich war morgens noch heiserer als am Vorabend. Mein Körper konnte sich in der Nacht nicht mehr regenerieren. Ich musste dann oft den ganzen Tag dafür aufbringen, meine Stimme wieder auf Vordermann zu bringen, um am Abend wieder auftreten zu können. Wenn du mit angeschlagenen Stimmbändern spielst, dann geht irgendwann gar nichts mehr. Der Körper setzt dir dann Grenzen.

Ich war in der TV–Serie „Kaisermühlen Blues" zu sehen, in der Sitcom „MA 2412" oder zum Beispiel in „Hinterholz 8" im Kino. Das alles geschah ungefähr zeitgleich, innerhalb von wenigen Jahren und so entstand ein totaler Hype auf meine Person. Die Leute stürmten die Theater, ich spielte in der Wiener Stadthalle. Alle kannten mich, und das war die Phase, in der ich merkte, dass mir das alles nicht gut tat. Ich wollte eigentlich nur Theater spielen und brauchte dieses ganze Drumherum nicht. Ich brauchte keine großen Premieren, keine „Home Stories" bei mir zu Hause und ähnlichen Nonsens.

Die einzige Möglichkeit, die mir einfiel, um aus diesem Schlamassel herauszukommen, war, die Erwartungshaltung des Publikums nicht mehr zu erfüllen. Ich startete dann ein Programm mit dem Titel „Die Viertelliterklasse". Alle dachten, es würde wieder um Motorräder gehen. Bei der Premiere war ein ganzer Motorradklub anwesend, die mit Helmen und Motorradjacken im Publikum saßen. Ich konnte schon nach wenigen Szenen sehen, wie sich ihre Gesichter verformten und ihre Mundwinkel herunterhingen.

In „Die Viertelliterklasse" ging es um Alkoholismus. Das Programm handelte von vier Alkoholikern, die eines Nachts aufeinandertrafen und die etwas gemeinsam hatten: Sie alle waren hinter derselben Frau her. Ich spielte alle vier Männer, das war auch in dem Kinofilm so, der später daraus entstand. Damit war plötzlich alles anders. „Die Viertelliterklasse" war etwas ganz anderes, als das Publikum von mir gewohnt war. Es war so, als würde man als Metallica-Fan auf ein Konzert gehen, und dann spielen die auf einmal Jazz. Man ist dann irritiert. Diese Irritation führte ich bei meinem Publikum sehr bewusst herbei. So eine Entscheidung ist natürlich mit Risiken verbunden, da dann mitunter das, was man sich über Jahre aufgebaut hat, in sich zusammenbrechen kann. Es sind nun auch deutlich weniger Zuseher in meinen Programmen, da ich kein „Family Entertainment" mehr biete. Ich zerstörte mir ganz bewusst eine bestehende, breite Publikumswirksamkeit, indem ich Stücke spielte, die nicht mehr die Erwartungshaltung an meine Person erfüllten. Ich betrieb also „Destroying the Audience". Jetzt kommen andere Leute in meine Shows, weil ich etwas ganz anderes mache als früher. Die, die jetzt kommen, wissen schon genau, was auf sie zukommt, und es ist ja nach wie vor lustig, was ich aufführe. In meinen Vorträgen wird wirklich viel gelacht, aber es kann niemand im Saal mehr sagen: „Das betrifft mich nicht." Man muss schon die Fähigkeit mit sich bringen, über sich selbst lachen zu können und bereit sein, über das Gehörte nachzudenken. Manche Dinge, die ich auf der Bühne von mir gebe, sind sicher nicht leicht zu verdauen.

Clemens G. Arvay: Sind deine Programme jetzt weniger oberflächlich?

Roland Düringer: Es kommt darauf an, was man unter „oberflächlich" versteht. Meine alten Programme waren inhaltlich nicht oberflächlich. „Hinterholz 8" war keine oberflächliche Geschichte, sondern ging eigentlich sehr tief und der Inhalt betraf die Leute. In „Benzinbrüder" glaubte man vielleicht im ersten Moment, dass ich über Autos redete. Es ging aber um einen jungen Mann, der mit dem Auto tödlich verunglückte, also eines vollkommen sinnlosen Todes starb. Allesamt waren es immer tragische Geschichten, die ich zu erzählen hatte. Aber es bestand für den Zuschauer nicht die Notwendigkeit, in diese Ebene des Stücks einzutauchen. Man konnte sich an der Oberfläche treiben lassen, und von der Pointendichte berieseln lassen.

Erfolg hat man und Karriere macht man als Künstler, indem man das, womit man bereits erfolgreich war, wiederholt und fortsetzt: immer wieder die gleiche Leier. Das wäre mir aber zu langweilig und daher beschloss ich, das Spiel zu beenden und etwas Neues zu machen. Mit dem Programm „Düringer ab 4,99", eine böse Auseinandersetzung mit dem bestehenden"Konsumismus", verlor ich viele meiner alten Fans. Viele konnten damit gar nichts anfangen. Das war einfach zu radikal, da machte ich „keine Gefangenen". Vielleicht war es zu früh dafür. Würde ich das Programm jetzt spielen, würden die Leute möglicherweise besser verstehen, worum es mir dabei ging.

Danach begann ich damit, meine Auftritte als Vorträge zu gestalten: „I̶c̶h̶ – ein Leben" und „Wir – ein Umstand", so heißen meine letzten beiden Programme. Das „Ich" ist absichtlich durchgestrichen, was all jene verstehen werden, die sich dieses Stück angesehen haben. Der dritte Teil dieser Vortragstrilogie kommt 2014, und ich freue mich jetzt schon darauf.

Ich muss sehr dankbar für das Leben sein, das ich führen darf. Ich bin jetzt 50 und relativ gesund. Mein Körper funktioniert und ich habe eine gesunde Tochter und eine wunderbare Frau. Ich lebe am Land, baue mein eigenes Gemüse an, habe einen Beruf, der mir wirklich sehr viel Spaß macht. Ich bin dankbar, weil das alles eine Gnade ist, und ich hoffe, dass ich durch meine Arbeit und mein Tun Anderen ein wenig davon zurückgeben kann.

Plastikgeld und Banken

In den 1970er-Jahren, in meiner Kindheit, bezahlte man nur mit Bargeld. Es gab keine Kreditkarten, kein „Plastikgeld". Wenn du also etwas kaufen wolltest, musstest du zur Bank gehen und das Geld abheben, sofern du es nicht zu Hause hattest. Es ist schon unbequem, wenn man sich immer darum kümmern muss, Bargeld zur Hand zu haben. Es ist viel bequemer, eine Plastikkarte dabeizuhaben, irgendeine Zahl in ein Gerät einzutippen und sich dann das kaufen zu können, was man haben will. Ich glaube, dahinter steckt System, denn durch die Möglichkeit der Kartenzahlung wird unser Umgang mit Geld erschwert, nicht aber vereinfacht. Wir verlieren die Kontrolle darüber, wo wir einkaufen, was wir kaufen und wie viel wir ausgeben. Wenn du heutzutage zum Supermarkt BILLA gehst – der fällt mir gerade ein und ist nur ein Platzhalter für all die anderen „Bösen Buben" –, wenn du also dort zum Einkaufen gehst und eine Vorteilskarte erhältst, muss dir klar sein, dass nicht *du* den Vorteil hast, sondern BILLA. Es steht ja auch darauf: „BILLA-Vorteilskarte". Die Supermarktkette hat also den Vorteil. Durch eine solche Karte wissen sie, was du einkaufst und wie oft. Sie kennen deine Vorlieben und können genau feststellen, welche Werbung dich anspricht, damit du wiederkommst. Aber wir alle wissen das. Es ist kein Geheimnis. Dennoch wollen alle eine Vorteilskarte haben. Jeder von uns steckt auf seine Weise in Systemen fest und erhält sie durch sein Verhalten – ob freiwillig, wissentlich oder gezwungen – aufrecht. Auch wir beiden Schlaumeier.

Clemens G. Arvay: Wir können festhalten: Es gibt keine „geheime" Gruppe von Verschwörern, die für alles verantwortlich ist. Das muss auch einmal klipp und klar gesagt werden.

Roland Düringer: Viele wünschen sich offenbar, dass es *die* eingeschworenen Schuldigen gäbe – seien es die Bilderberger, die Freimaurer, das Judentum oder sonst jemand. So ist es aber natürlich nicht, das wäre zu einfach gedacht und wäre auch noch gefährlich. Die Realität ist viel – viel! – komplexer. Alles hängt irgendwie zusammen und wir hängen mittendrin, durch die Handlungen, die wir setzen, durch das, was wir tun, durch die Art, wie wir denken. Wir alle sind Teil des ganzen Wahnsinns.

Clemens G. Arvay: Ich finde es alarmierend, zu sehen, dass heutzutage sehr viele Menschen, die kritische Ansätze verfolgen, dann doch oft nach den ultimativen Schuldigen suchen. Verschwörungstheoretiker – leider stark im Kommen – kaprizieren sich immer auf irgendeine bestimmte Lobby oder eine bestimmte Gruppe, manchmal sogar auf ein Volk, das für alles Negative verantwortlich sein soll.

Gerade, wenn es ums Geldsystem und um die Banken geht, muss man traurigerweise feststellen, dass unter manchen Kritikern wieder antisemitische Tendenzen aufkeimen. Das empfinde ich als sehr bedenklich, zumal die Kritik am Bestehenden sowie der Aufbau von Neuem gerade im Finanzwesen extrem wichtig wären. Solche Bestrebungen sind aber natürlich nur dann interessant, wenn sie frei von menschenverachtenden Theorien sind, in denen einfach ein bestimmtes Volk für verantwortlich erklärt wird.

Roland Düringer: Das wundert dich? Willkommen auf der Erde! *(lacht)*
Es war in der Geschichte schon immer so, dass man sich Sündenböcke suchte. Bevor es so weit kommt, dass sich die Menschen gegenseitig auf der Straße abschlachten, sucht man sich einen Schuldigen, den man „ans Kreuz nageln" kann. Damit ist dann die Menge wieder beruhigt, weil man hat ja den Schuldigen gefunden und meint: Jetzt wird sich alles ändern. Es hat sich auf diesem Weg aber noch nie ernsthaft etwas geändert, es geht immer gleich weiter und auch viele Revolutionen, die auf dem Planeten passiert sind, haben zu noch mehr Leid geführt. Ob das nun die Französische Revolution war oder die Oktoberrevolution, es war danach immer noch schlimmer als zuvor.

Wir brauchen keine Revolution, sondern wir brauchen *Evolution*. Wichtig wäre die Weiterentwicklung jedes einzelnen Individuums. Im Prinzip wäre es eine ganz einfache Sache: Wir bräuchten alle miteinander einfach nicht mehr mitspielen. Und mit „alle" meine ich all jene, die heute noch Handlungsspielraum haben, die auf die Gewinnerseite des Systems gefallen sind. Wenn wir wollen, dass sich das Geldsystem, so wie wir es jetzt kennen, in Schall und Rauch auflöst, bräuchten wir alle nur auf die Bank zu gehen und unser Geld zu holen. Nach dem Zehnten an der Kasse würden sie sagen: „Es tut uns leid, Geld gibt's nicht. Wir haben es nicht mehr." Dann wär's das eigentlich. Dass da etwas auf uns zukommen wird zeichnet sich immer mehr und mehr ab, und die Beschwichtigungen der Politik sind höchst unglaubwürdig. Dass der Staat versuchen wird, sich möglichst viel von uns zu holen, weil er schwer in der Kreide steht, ist auch klar. Sie holen sich von uns das fehlende Geld über Steuern oder, wenn nicht so, dann über die Inflation.

Dass es ein paar wirklich Superreiche gibt, bei denen das Vermögen immer mehr wird, das glaube ich schon. Eigentlich ist es nicht das Geldvermögen, denn davon haben sie ja nichts, sondern es sind die Werte. Sie wandeln das Geld in Vermögen um. Diesen Unterschied zu erkennen – zwischen Geld und wahrem Vermögen – ist sehr wesentlich. Wir sind jetzt viele Jahre dem Geld hinterhergelaufen, ohne zu erkennen, dass das Geld letztendlich, wenn von höherer Stelle beschlossen, keinen Wert hat.

Ich habe also beschlossen, nur bar zu bezahlen und benutze keine Bankkarte mehr, um einzukaufen. Ich habe dann mehr Bezug zu meinem Geld und sehe, wie viel ich zur Verfügung habe. Auch Papiergeld ist zwar kein „richtiges" Geld mehr, aber mit Karten zu bezahlen ist noch schlimmer. Das ist wirklich nur mehr virtuell – es sind Zahlen im Computer.

Wer sich ein wenig mit dem Geldsystem auseinandergesetzt hat, weiß, dass nur circa zehn Prozent der Geldmenge, die in Umlauf ist, Bargeld ist, also Scheine oder Münzen. Der Rest sind Zahlen in Computern. Das ist natürlich sehr bequem, funktioniert aber nur aus einem einzigen Grund, nämlich weil alle an dieses virtuelle „Geld" glauben. Man meint, Nullen und Einsen in EDV–Systemen hätten einen Wert, um den man sich etwas kaufen könne. Jedes Kind hatte in den Siebzigern noch das Bild im Kopf, wonach die schick gekleideten Herren und Damen auf der Bank die Guten seien. Am Weltspartag gingen wir Kinder mit unseren Eltern zur Bank und bekamen als Geschenk einen Schraubenzieher, der drei Tage hielt, oder eine Taschenlampe, die schon beim Hinausgehen kaputt war. Dafür zahlten wir zehn Schilling auf das Sparbuch ein.

Wir „wussten" dann, dass der Bankbeamte, der ja so nett war und deswegen so seriöse Kleidung trug, auf unser Geld aufpasste und uns für die zehn Schilling irgendwann zehn Schilling und zwanzig Groschen zurückgeben würde. Die Leute auf der Bank mussten also die Guten sein, so lernten wir es damals.

Das ist die Konditionierung, die man so hat. Mittlerweile weiß man, dass es mit den Banken ein wenig anders funktioniert.

Wenn das Bargeld wegfällt, und im Computer nur mehr Zahlen eingetippt werden, hat die Bank logischerweise die Möglichkeit, auf simple Weise Gewinne zu machen. Durch das Eintippen von Zahlen entsteht plötzlich Geld, das es nicht gibt. Ganz so einfach, wie ich es jetzt erkläre, ist es natürlich nicht. Die Sache ist komplizierter, aber das Grundprinzip funktioniert so.

Wenn du zum Beispiel für Renovierungsarbeiten an deinem Haus einen Kredit von, sagen wir, 100.000 Euro benötigst, dann weißt du, dass dein persönlicher Bankberater diesen Kredit vielleicht genehmigt. Du gehst zu ihm, erzählst ihm, was du vorhast, und er fragt: „Gibt es Sicherheiten?"

„Ja, das Haus. Das ist ohnehin schon mit einer Hypothek belastet."

„Okay, geht in Ordnung."

Was passiert auf einer Bank, die dir einen Kredit gegeben hat?

Der Bankbeamte verbucht 100.000 Euro vom Konto der Bank auf dein Konto, das ebenfalls bei dieser Bank eingerichtet ist. Das heißt, die 100.000 Euro haben die Bank nie verlassen. Das virtuelle Geld ist nur von einem Konto auf das andere verschoben worden. Jetzt hast du ein Guthaben von 100.000 Euro auf deinem Konto und schuldest der Bank diese Summe. Die Handwerker kommen zu dir und sanieren das Haus. Sie stellen eine Rechnung über 100.000 Euro. Du überweist das Geld von deinem auf das Konto der Handwerker, die ebenfalls nur Zahlen in einem Computer erhalten. Falls die Handwerksfirma ihr Konto bei derselben Bank hat wie du, hat das Geld diese Bank niemals verlassen. Wenn das Konto der Firma bei einer anderen Geschäftsbank eingerichtet ist, dann steht diese natürlich in Zusammenhang mit den anderen Banken, da es entsprechende Geldkreisläufe zwischen den Banken gibt. In jedem Fall aber erhalten die Handwerker bei der Überweisung von 100.000 im Grunde nur Zahlen in Computern. Das heißt, die Bank hat niemandem Geld gegeben. Dennoch schuldest du der Bank plötzlich die betreffende Summe.

Im Gegensatz zur Bank kannst du selbst aber nur Geld machen, indem du arbeitest. Du musst jetzt 100.000 Euro erarbeiten, weil du glaubst, du schuldest der Bank so viel Geld.

In Wirklichkeit hingegen schuldet die Bank *dir* etwas, weil sie dir nie 100.000 Euro gegeben hat. Sie hat nur Zahlen in einen Computer eingetippt. Solltest du an dem Tag, an dem du den Kredit bekommst, die 100.000 Euro in bar abheben, dann schuldest du der Bank diese Summe. Solange du das nicht tust, ist es umgekehrt, und die Bank schuldet dir die Summe.

Das ist vielleicht etwas überspitzt formuliert, aber im Prinzip ist es tatsächlich so, dass Banken einfach Geld erzeugen können. Das geht natürlich nur mit virtuellem Geld. Mit Scheinen und Münzen wäre das unmöglich, denn dann müssten sie ja Geld fälschen oder kopieren. Nur mit virtuellem Geld funktioniert das Spiel der Banken. Daher glaube ich, dass System dahintersteckt, wenn uns die Banken das Bargeld wegnehmen wollen. Eines Tages wird es so sein, dass man gewisse Zahlungen – zum Beispiel über 2.500 Euro – nicht mehr bar tätigen darf, sondern nur mehr übers Konto. Und irgendwann werden wir uns total zufrieden damit fühlen, kein Bargeld mehr zu benötigen, sondern nur mehr eine Karte einstecken zu müssen, mit der wir alles erhalten, was wir wollen.

Wenn dann aber wieder eine Zeit des Bankensturms eintreten sollte, der berüchtigte „Bankrun", die Leute also noch schnell ihr Geld in Sicherheit bringen wollen, dann hat sich dieser erübrigt, weil ja kein Geld mehr auf der Bank liegt, und Zahlen im Computer kann man ja schlecht mit nach Hause nehmen und unter das Kopfkissen legen.

Im Rahmen meines Selbstversuchs löste ich mein Privatkonto auf. Ich hatte davor zwei Konten: ein Geschäftskonto, das es nach wie vor gibt, und ein Privatkonto, das jetzt der Vergangenheit angehört. Mein Ziel wäre es, eines Tages gänzlich ohne Konto zu leben, aber ich glaube, man stößt dabei sehr schnell auf Grenzen. Ohne Konto werden dir einige Steine in den Weg gelegt. Das beginnt schon damit, dass du zum Beispiel für jede Barüberweisung eine Gebühr von etwa vier Euro bezahlen musst. Dahinter vermute ich Strategie. Ich hätte jedenfalls ein besseres Gefühl dabei, wenn ich *gar kein* Konto mehr hätte. Alles, was ich auf mein Geschäftskonto einzahle, ist nichts anderes als ein Kredit an die Bank. Ich borge der Bank mein Geld und ich will denen eigentlich nichts borgen. Irgendwann werde ich zur Bank gehen und sagen:

„Ich möchte Geld auf mein Konto einzahlen, aber ich hätte gerne ein paar Sicherheiten von Ihnen, bevor ich Ihnen mein Geld borge".

Ich habe wieder damit angefangen, ein Haushaltsbuch zu führen, in dem ich dokumentiere, wann ich wie viel Geld ausgegeben habe und wofür. Man behält dann den Überblick der Ausgaben. So haben wir es in den Siebzigern zu Hause auch gemacht.

Lebensmittel

Nachdem ich mit der Führung dieses Haushaltsbuchs begonnen hatte, war ich zunächst erschrocken darüber, wie viel Geld ich fürs Essen ausgebe. Dabei ist es bei genauer Betrachtung gar nicht viel.

Wir glauben, die Lebensmittel seien teuer, obwohl in Österreich und Deutschland nur etwa 12 bis 15 Prozent des Einkommens für die Ernährung ausgegeben werden, der Rest dann für Industriegerümpel. In meiner Kindheit investierte meine Familie noch 75 Prozent ihres Gelds in Lebensmittel. Daher kam auch der Ausdruck „sich etwas vom Mund absparen".

Das bedeutet, wenn man etwas haben wollte, eine größere Anschaffung tätigen musste, dann musste man beim Essen sparen, um das Geld zur Verfügung zu haben. Heutzutage ist das Verhältnis ganz anders. Es gibt zwei Dinge, die in meinen Augen viel zu billig sind: Das ist einmal der Treibstoff und andererseits sind es die Lebensmittel.

Wenn ein ein Kilo Schulterfleisch im Supermarkt 2,99 Euro kostet, muss ich mich fragen, wie das möglich sein kann. Wer bezahlt das, wer subventioniert es? Wer leistet da etwas, damit ich um derart wenig Geld Fleisch essen kann? Lebensmittel kosten viel zu wenig, weswegen viele so fett sind. Wir fressen zu viele billige, schlechte Lebensmittel und kaufen uns dafür jede Menge Industriegerümpel. Das nennt man dann „Lebensqualität", „Wohlstandsvermehrung".

Während wir viele Dinge ersatzlos aus unserem Konsum streichen könnten, sollten wir bei Lebensmitteln nach Alternativen suchen.

Am Anfang des Jahres 2013 habe ich die Entscheidung getroffen, den Einkauf in Supermärkten bleiben zu lassen, und zwar ganz einfach deswegen, weil ich in meiner Kindheit miterlebte, wie die Supermärkte in den Städten wie Pilze aus dem Boden schossen. Meine Aufgaben zu Hause waren, regelmäßig Kohle aus dem Keller zu holen, den Müll hinunterzutragen und manchmal einkaufen zu gehen. Bei uns in der Quellenstraße gab es ein Lebensmittelgeschäft, einen „Milchmann". Ich stand immer mit dem Einkaufszettel im Verkaufsraum und reichte diesen dem freundlichen Herrn Wagner, dem der Laden gehörte.

Es gab zwei Sorten Brot, gestaubtes und nicht gestaubtes. Von der Milch gab es überhaupt nur eine Sorte. Manchmal bekam ich etwas zu Naschen geschenkt – ein Naps oder ein Stollwerk – und ich traf in dem kleinen Laden Leute, die ich aus dem Haus kannte, mit denen man plaudern konnte. Diese Zeit war zu Ende, nachdem mein Vater den Führerschein gemacht hatte.

Kaum hatten wir ein Auto, ließen wir Herrn Wagner mit seinem kleinen Laden im Stich. In dieser Zeit begann bei uns das Greißlersterben, also das Aussterben der Tante-Emma-Läden. Anstatt mich zum Einkaufen zu schicken fuhren meine Eltern von nun an zum Supermarkt. In der Laxenburgerstraße in Wien gab es einen LÖWA und in der Zentagasse den PAMPAM. Unser Briefträger brachte regelmäßig Werbematerial der Supermärkte an unsere Wohnungstür, noch schwarz-weiß und in sehr schlechter Qualität gedruckt. Man konnte aber erkennen, was es gerade im Angebot gab. Meine Mutter fing an, sich laufend alle aktuellen Angebote herauszuschreiben und dann fuhr sie mit meinem Vater ein- bis zweimal pro Monat, mit riesigen Reisetaschen bestückt, zum Großeinkauf.

Herrn Wagner ließen wir sterben. Man konnte zusehen, wie bei uns ein Lebensmittelgeschäft nach dem anderen zusperrte. Das bedeutet, dass auch meine Eltern dank der Automobilität ihren Teil dazu beigetragen haben, die Supermärkte in Wien zu etablieren.

Für mich ist es alleine aufgrund dieser Entwicklung völlig klar, dass ich keine Supermärkte mehr nutzen möchte, zumal es bei mir auch schon so weit war, dass ich mich jedes Mal, wenn ich in so einen riesigen Supermarkt ging, ein wenig überfordert fühlte. Die vielen Eindrücke ermüdeten mich. Das fing bei der Musik an, die den ganzen Tag da drinnen läuft. Und dann diese vielen bunten Sachen – da wird dir richtig schwindelig. Du gehst an einem Regal mit Milchprodukten vorbei und wirst fast ohnmächtig vor lauter Zeug, über das du dir denkst: „Wer braucht das? Was *ist* das überhaupt alles? Hilfe, ich suche doch nur ein Stück Butter."

Hinter der Kasse sitzt meistens eine Dame, die einen schlecht bezahlten, langweiligen Job zu machen hat – nämlich den ganzen Tag lang Produkte über ein rotes Licht zu ziehen. Auch das hat sich im Vergleich zu früher geändert, weil jetzt alles schneller gehen muss. Vor nicht allzu langer Zeit tippte die Dame noch mit ihren Fingern den Preis der Waren ein, die vor ihr am Förderband lagen. Bei dieser Geschwindigkeit konnte man noch relativ gut mithalten und die gekauften Produkte einpacken. Heute geht das im Eiltempo: biep, biep – und du hast gar nicht die Möglichkeit, deine Sachen in dieser Geschwindigkeit in deine Tasche zu stopfen. Hinter dir steht schon der Nächste, der darauf wartet, dass es bei ihm so schnell wie möglich „biep, biep" macht. Der Hintere stresst dich womöglich sogar, weil du nicht schnell genug weg bist. Also schmeißt du dein Zeug einfach so rasch wie möglich in den Einkaufswagen.

Das bedeutet, dass die enorme Beschleunigung der Dame an der Kasse im Grunde überhaupt nichts bringt, weil das zweite Glied in der Kette, nämlich der Konsument, nicht so schnell sein kann. Ich zumindest bin es nicht.

Wenn die Dame an der Kasse dann auch noch fragt: „Haben Sie eine Vorteilskarte?", dann könnte ich ihr sowieso ins Gesicht springen, obwohl sie ja nichts dafür kann. Sie sagt nur das, was sie sagen *muss*, und wird vermutlich sogar bestraft, wenn sie es nicht tut – oder sie wird zumindest gerügt. Daher kam es mir sehr recht, in meinem Experiment die Supermärkte einfach wegfallen zu lassen.

Wenn ich aber auf Supermärkte verzichte, dann lautet die zweite Frage: „Was ist die Alternative und wo erhalte ich meine Lebensmittel?" Ich bin bewusst auf der Suche nach *Lebens*-mitteln, da das, was man in Supermärkten kaufen kann, keine Lebensmittel sind, sondern *Nahrungs*-mittel. Lebensmittel sind ja die Dinge, die uns *Leben vermitteln* sollen. Im Supermarkt erhalten wir aber meistens nur denaturierte Ware. Diese sieht zwar farbenfroh aus und glänzt, ist bunt verpackt, vermittelt aber kein Leben.

Clemens G. Arvay: Ich las vor vielen Jahren ein Buch eines Philosophen, in dem es um unsere Ernährung ging. Leider habe ich Autor und Titel vergessen. Aber ich erinnere mich sehr genau daran, dass Lebensmittel und Nahrungsmittel in diesem Buch ebenfalls voneinander unterschieden wurden. Allerdings andersherum, als du es soeben getan hast.

Unsere Nahrungsmittel seien gar keine mehr, las ich dort. Sie seien nur mehr *Lebens*-mittel, die wir in uns einwerfen und die uns irgendwie am Leben halten. Aber sie nähren unseren Körper nicht mehr. Sie reichen als Mittel aus, um nicht zu sterben, sondern am Leben zu bleiben, aber wir nähren uns an diesen Mitteln nicht mehr. Daher sind sie keine Nahrungsmittel. Auch diese Interpretation kann ich nachvollziehen.

Roland Düringer: Man kann es so oder so sehen. Mir ist in meiner Weltanschauung der Begriff „Leben" sehr wichtig geworden. Das Leben ist an sich etwas Unverständliches, wie wir schon ausführlich festgestellt haben. Es ist etwas Faszinierendes von sehr hohem Wert. Daher stelle ich in meiner Interpretation das Lebensmittel über das Nahrungsmittel. Aber das ist natürlich pure Auslegungssache.

Die Alternativen zum Supermarkt sind daher für mich Lebensmittelgeschäfte. Also die, die wir verdrängt haben, die wir zerstört haben. Es gibt noch immer ein paar kleine Einzelkämpfer. In der Wiener Westbahnstraße kenne ich einen kleinen Laden, der „Firmanns Bauernkörberl" heißt. Ein Ehepaar betreibt dieses Lebensmittelgeschäft. Sie sind umzingelt von zwei Bio-Supermärkten, in der Kaiserstraße und einem zweiten in der Kirchengasse. Sie sind umzingelt, aber schaffen es doch zu überleben, nachdem sie immer Produkte im Sortiment haben, die es anderswo nicht gibt. Außerdem bieten sie persönliche Betreuung an. Auch in Bio-Supermärkten werde ich ja noch immer diesem „biep, biep" an der Kasse ausgesetzt, das mich stresst.

Am Lerchenfelderplatzl in Wien gibt es einen Bauernmarkt, an dem wir manchmal einkaufen. Und nicht weit von zu Hause haben wir einen Bauernladen, in dem die Bauern der Region ihre Produkte anbieten. Unser Nahversorger direkt im Ort führt – glücklicherweise – auch regionale Produkte. Natürlich nicht nur, aber auch. Am Bahnhof in St. Pölten, circa 60 Kilometer westlich von Wien, an dem ich mich häufig aufhalte, gibt es einen Naturkostladen.

Von Nachbarn kaufe ich auch immer wieder etwas. Wir haben zum Beispiel jemanden, der Honig liefert. Unser unmittelbarer Nachbar bietet Fleisch. Dort kauften wir zu Weihnachten einen Truthahn. Eier erhalte ich bei einer Familie ganz in der Nähe, die Seidenhühner und Zwerghühner hält. Wenn du die Hühner, die deine Eier legen, persönlich kennst und weißt, dass es ihnen gut geht, erhält das Ei gleich einen viel höheren Stellenwert. Ansonsten ernähre ich mich von dem, was ich in meinem Garten anbaue. Mit Lebensmitteln bin ich also sehr gut versorgt.

Es muss auch nicht alles ständig verfügbar sein. Jeden Tag Paradeiser, also Tomaten, essen zu können – auch im tiefsten Winter – ist eigentlich furchtbar langweilig, zumal ja die Paradeiser im Winter gar keine Paradeiser sind, sondern der vierte Aggregatzustand des Wassers. Mehr ist das nicht. Welch ein Erlebnis ist es hingegen, wenn die erste Paradiesfrucht am Strauch reif ist! Diesen Geschmack kann keine Glashaustomate im Winter jemals bieten.

Das Reduzieren – gerade bei Lebensmitteln – und das Wissen, dass nicht immer alles und zu jeder Zeit verfügbar ist, machen die Dinge erst so richtig wertvoll.

Clemens G. Arvay: Ist die solidarische Landwirtschaft für dich eine interessante Alternative zum Lebensmitteleinkauf?

Roland Düringer: Du musst mir zuerst erklären, was das ist.

Clemens G. Arvay: Solidarische Landwirtschaft ist ein regionales Versorgungssystem, bei dem man aus dem Preisdenken aussteigt und nicht das Produkt, sondern die Arbeit der Bauern finanziert. Du fragst dann nicht mehr, wie viel ein Kilo Tomaten kostet, sondern du fragst, wie viel dir die Arbeit des Bauern wert ist, damit dieser die Tomaten auf eine Weise anbauen kann, die auch deinen Vorstellungen entspricht und die ökologisch und qualitativ hochwertige Ergebnisse liefert. Eine Gruppe von Konsumentinnen und Konsumenten finanziert „ihre" Produktionsbetriebe mit einem monatlichen Mitgliedsbeitrag. Das sind meistens 80 bis 100 Euro. Der Ertrag, die Ernte, wird unter den Konsumenten aufgeteilt. Auf diese Weise versorgen sich bereits zahlreiche Familien mit vielfältigen landwirtschaftlichen Erzeugnissen, auch mit Fleisch. In Deutschland existiert bereits ein relativ gut ausgebautes Netzwerk der solidarischen Landwirtschaft, aber auch in Österreich und in der Schweiz ist das Konzept im Kommen.

Roland Düringer: Ich kenne ein solches Projekt östlich von Wien. Es heißt „Gärtnerhof Ochsenherz". Ein Freund von mir sah am Wiener Naschmarkt einen Gemüsestand, wo es lauter richtig gutes Gemüse und Obst gab. Die Produkte sprachen ihn so sehr an, dass er etwas davon kaufen wollte. Aber sie sagten: „Bei uns kann man nichts kaufen. Wir sind vom Gärtnerhof Ochsenerz, da muss man erst Mitglied werden, um sich dann hier bedienen zu können." Dieser Freund von mir war ganz von den Socken, weil da einer am Markt stand, bei dem man nichts kaufen konnte.

Ja, die solidarische Landwirtschaft ist sicher eine Alternative. Man muss aber langfristig beobachten, wie sie sich entwickelt. Wir müssen Dinge ausprobieren, Möglichkeiten und neue Wege finden. Das ist wichtig.

Oft wissen wir ohnehin, was gut funktionieren würde. Es gab ja schon einmal Gemeinschaften, die über einen langen Zeitraum all das erfüllten, wovon heute so mancher träumt: Man nennt es „Dorf". All die neuen Lebensformen, wie sie sich jetzt herausbilden, und all die Ideen von Kommunen und Kooperationen, in deren Rahmen sich gleichgesinnte Menschen irgendwo ansiedeln und sich selbst versorgen, sind keine neuen Ideen. Nichts anderes passierte früher in unseren Dörfern. Miteinander zu kooperieren, sich gegenseitig zu helfen und einander mit Rat und Tat zur Seite zu stehen, ohne die Einzelnen in der Gemeinschaft zu vereinnahmen – das wäre eigentlich die Lösung. Was nicht heißen soll, dass das Leben im Dorf paradiesisch war und dort alles eitel Wonne. In Dorfgemeinschaften gab es sicher genügend „Leichen im Keller".

Dennoch glaube ich, dass das Konzept des Dorfs nach wie vor sehr gut funktionieren würde. Dies ist auch der Grund, weshalb ich kein Freund von großen und unüberschaubaren Strukturen bin, sondern die kleineren und überschaubaren bevorzuge – in allen Bereichen. „Small ist eben beautiful." Wir als Gesellschaft werden uns bald entscheiden, welche Wege wir in Zukunft beschreiten wollen: Die breiten, ausgefahrenen Autobahnen oder stattdessen kleine, neue Wege. Und diese Entscheidung muss wohl jeder für sich treffen.

Keine Angst vor Entscheidungen!

Wenn es zum Zeitpunkt X zwei mögliche Wege gibt, die ich einschlagen kann, und ich entscheide mich für den einen, dann ist diese Entscheidung sowohl falsch als auch richtig. Das liegt daran, dass ich nie erfahren werde, wie es gewesen wäre, den anderen Weg zu wählen. Ich kann den anderen Weg zwar zu einem späteren Zeitpunkt gehen, es ist dann aber nicht *derselbe* Weg, den ich zum Zeitpunkt X gegangen wäre.

Wenn ich mich für ein Studium entscheiden muss und ich schwanke zwischen Medizin und Jura, dann beginne ich – nehmen wir das einfach einmal als Beispiel an – Jura zu studieren. Aus welchen Gründen auch immer. Wenn mir dieses Studium nicht gefällt, und ich sattle zwei Jahre danach doch noch auf Medizin um, werde ich nie erfahren, wie es mir mit Medizin ergangen wäre, wenn ich mich gleich dafür entschieden hätte. In den zwei Jahren haben sich zu viele Parameter verändert.

Clemens G. Arvay: Du meinst also, es hätte auch sein können, dass du zuerst mit Medizin beginnst, dann aber entscheidest, doch Jura zu studieren, weil dir die Erfahrung darüber fehlt, was es bedeutet, dich zum Juristen ausbilden zu lassen. So aber hast du schon ein Bild des Jurastudiums und bleibst vielleicht gerne bei Medizin.

Roland Düringer: Du weißt dann schon, was Jura ist. Andersherum hättest du vielleicht während des Medizinstudiums ständig die offene Frage, ob du nicht vielleicht doch Jura hättest wählen sollen. Darum sollten wir versuchen, keine Angst vor Entscheidungen zu haben. Das möchte ich damit sagen.

Ich habe keine Angst vor Entscheidungen, weil nichts passieren kann. Oder besser: Es kann entweder *nichts* passieren oder es kann *alles* passieren. Aber beides ist „richtig", weil wir ohnehin nicht in die Zukunft sehen oder die Frage „Was wäre, wenn ...?" beantworten können. Es ist wie bei Schrödingers Katze: Stecke ich eine Katze in einen Karton und steche einmal mit geschlossenen Augen auf diesen Karton ein, dann höre ich die Katze aufschreien. Aber ob sie tot ist oder nicht, erfahre ich erst dann mit Gewissheit, wenn ich den Karton öffne und nachsehe. Das ist natürlich nur ein Gedankenexperiment und niemand sollte auf die Idee kommen, den Versuch mit der Katze tatsächlich durchzuführen.

Ich weiß aber auch, dass jede Entscheidung, die ich treffe, mein Leben nachhaltig beeinflusst. Es werden sogar die Leben anderer Menschen rund um mich beeinflusst. Entscheide ich mich dafür, nicht mehr in Supermärkten einzukaufen, sondern einfach bei Bauern, dann beeinflusse ich dadurch zuerst mein eigenes Leben – wobei ich zu diesem Zeitpunkt nicht sagen kann, ob es richtig oder falsch ist. Es ist eben potenziell beides. Womöglich aber beeinflusse ich mit der Entscheidung gegen Supermärkte auch die Entwicklung der Welt, den Verlauf der Geschichte.

Für mich hat sich jedenfalls ohne Supermärkte einiges zum Positiven verändert. Wie positiv meine Entscheidung für die Entwicklung der Gesellschaft sein wird, kann ich derzeit nicht beantworten. Wir alle wissen nicht, was noch auf uns zukommen wird. Aber ich habe für mich eine Entscheidung getroffen. Und das ist ein gutes Gefühl.

Ich stehe hinter dem, was ich in meinem Experiment mache, gestalte mein Leben in dieser Form aus Überzeugung. Ich wäre aber ein Lügner, würde ich sagen: „Das, was ich tue, ist *richtig!*" Daher versuche ich auch – und das ist vielleicht die größte Aufgabe, die mir mein Leben derzeit stellt –, andere Menschen bewusst *nicht* zu verurteilen für das, was sie tun oder was sie nicht tun.

Wir wissen nicht, wie die Geschichte weitergeht.

Traumhafte Angebote von Roland Düringer

Dies ist eine Geschichte aus einem Programm mit dem Titel „Düringer ab 4,99", die ich als Beitrag für Clemens' Buch „Friss oder Stirb – Wie wir den Machthunger der Lebensmittelkonzerne brechen und uns besser ernähren können" dem Titel entsprechend adaptiert habe. Sie werden diese Geschichte im oben genannten Buch aber nicht finden. Scheinbar fand sie der Verleger unpassend.

Hier passt sie jedenfalls gut und Bernhard, unser Verleger, ist diesbezüglich sicher entspannt:

Wie jeden Morgen führt mich mein erster Weg auch heute wieder durch meinen spätsommerlichen Garten. Die Natur in all ihrer Pracht und Vielfalt ist zum Morgenappell angetreten – Leben in Hülle und Fülle. Alle Pflanzen sind Krieger des Lichts. Ich schreite die unregelmäßigen Reihen meiner stummen Diener ab, erbiete dem Garten meine Dankbarkeit für seine täglichen Gaben und lausche dabei auf meine innere Stimme: „Wie wär's mit einem frischen, saftigen Apfel, mein Freund?"

Meine innere Stimme und ich sind mittlerweile wirklich gute Freunde geworden, das war aber nicht immer so. Vielleicht lag das daran, dass sie früher zu leise sprach oder ich einfach ein schlechter Zuhörer war.

„Gute Idee", denke ich mir, steuere zielgerichtet einen meiner Apfelbäume an und traue meinen noch etwas verschlafenen Augen nicht. Eine Gruppe von Leuten hat vor meinem Apfelbaum Aufstellung genommen. „Das kann's jetzt aber nicht sein, jetzt klettern mir die Autogrammjäger schon über meinen Gartenzaun! Jetzt rauscht's aber gleich im nicht vorhandenen Blätterwald!"

Mein Schritt wird schneller und energischer und mein Auge liefert mir Bilder von unpassend, nämlich gut und teuer, gekleideten Damen und Herren. Teilweise mit Smartphones hektisch hantierend, also offensichtlich in meinem Garten völlig fehl am Platz.

„Frage: Was machen Sie da in meinem Garten?"

„Wirtschaft", antwortet einer der ungebetenen Besucher, vom Gehabe her offenbar der Anführer des Rudels.

„Aha. Dann würde ich doch vorschlagen, Sie machen ihre Wirtschaft anderswo."

Keine Antwort ist auch eine Antwort.

„Sollen die verkleideten Herrschaften doch da stehen, bis ihnen die Füße bei den Schulterblättern herauswachsen", denke ich mir und greife nach einem meiner Äpfel.

„Finger weg", zischt es hinter mir.

Das kann ich jetzt aber nicht glauben, ich drehe mich in bester Italo-Western-Manier langsam um und suche den Augenkontakt mit dem Alphamännchen.

„Wie bitte? Ich glaub, ich hab mich da jetzt ein wenig verhört, oder?"

Die Antwort gibt mir das Alphaweibchen im Chanelkostüm: „Das mit Ihren Äpfeln funktioniert in Zukunft ein wenig anders."

„Ach, tatsächlich? Und wer sagt das?"

„Ich", antwortet mir das Alphamännchen und steckt dabei sein Smartphone in die Brusttasche seines Sakkos. „Mein Name ist BILLA, ich bin Nahrungsmittelhändler und verkaufe unter anderem auch Äpfel."

„Ach, Sie sind also der Herr BILLA?"

„Ja, natürlich!"

Da stellt mir doch mein Hausverstand gleich eine berechtigte Frage: „Und wer sind dann die anderen Herrschaften? Vorstandsmitglieder des REWE-Konzerns? Herr MERKUR und Frau ADEG?"

Die Antwort gibt mir prompt das Chanelkostüm: „Ganz im Gegenteil. Wir sind die Konkurrenz, aber in diesem speziellen Fall ziehen wir ausnahmsweise am selben Strang. Mein Name ist SPAR und ich bin zuständig für *Natur*pur*."

Wie kann man nur mit solchen Silikontitten, Botoxlippen und dem verlogensten Lächeln des Universums für „Natur pur" zuständig sein?

„Darf ich Ihnen die Herren LIDL und HOFER vorstellen?"

„Bitte nicht", antworte ich, „mir ist ohnehin schon schlecht. Aber jetzt einmal *zurück zum Ursprung*. Sie spazieren hier unangemeldet in meinem Garten umher, hindern mich am Äpfelpflücken, benehmen sich wie schlechte Reserve-Sheriffs ... Kommt Ihnen nicht in den Sinn, dass sie ganz kräftig am Watschenbaum rütteln?"

In meiner Wahrnehmung waren meine letzten Worte ziemlich unmissverständlich und hatten schon etwas Bedrohliches, in Herrn BILLAS Wahrnehmung aber eher weniger: „Schauen Sie, guter Mann", sagt er, „wir sollten uns doch wie erwachsene Menschen benehmen. Ihr Watschenbaum interessiert uns reichlich wenig. Was hingegen unser Interesse geweckt hat, ist Ihr Apfelbaum und um diesen wird sich jetzt unser Herr Josipovic kümmern."

Ein kleiner Mann in rotem Arbeitsmantel tritt hinter meinem Holunderstrauch hervor, in seinen Händen hält er eine leere Obstkiste.

„Der Herr Josipovic ist unser Apfelpflücker."

„Mit seinen 1,52 ist der aber als Apfelpflücker eine Fehlbesetzung, der Gartenzwerg, oder?" Ein Scherz, der in dieser erlauchten Runde kein Publikum findet.

„Und wie soll das jetzt in Zukunft mit meinen Äpfeln funktionieren?"

„Ganz einfach", murmelt der bis jetzt schweigsame Herr HOFER in seinen langen Bart hinein, „Sie können sich in Zukunft Ihre Äpfel bei einem von uns kaufen."

„Nah und frisch, sozusagen", witzelt Frau SPAR.

Diesmal kann ich nicht lachen, stelle aber folgende Bemerkung in den nicht vorhandenen Raum: „Die Sache ist nur die, dass ich kein Geld habe, um mir Äpfel zu kaufen."

Die Lösung für mein Dilemma hat natürlich der Rudelführer parat: „Fragen Sie doch Ihren Nachbarn, der hat – so weit wir es wissen – einen Birnenbaum und vielleicht eine Arbeitsstelle für Sie frei."

„Als Birnenpflücker vielleicht?"

„Möglicherweise. Wobei, mit Ihren 1,69 wären Sie ja als Birnenpflücker auch eine Fehlbesetzung, Sie Sitzriese. Aber Sie sind ja ein lustiges Kerlchen, vielleicht können Sie Ihrem Nachbarn einen Witz erzählen und er gibt Ihnen ein paar Euro dafür. Und dann können Sie sich bei uns Ihren Apfel kaufen."

„Und das mit Frischegarantie, nehme ich an?"

„Richtig", bestätigt mir Frau SPAR meine Hoffnung, „und bei dieser Gelegenheit frage ich Sie gleich: Haben Sie eigentlich schon eine Vorteilskarte?"

Nein, die habe ich nicht, aber der Vorteil lag trotzdem in meinen Händen. Meine Benelli M4, ein halbautomatisches Schrotgewehr. Und damit herrschte bald wieder Klarheit in meinem Garten.

Albträume haben etwas Gutes: Sie enden, wenn man aufwacht!

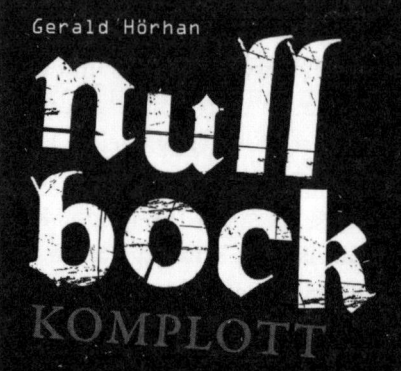

Gerald Hörhan

nullbock

KOMPLOTT

Warum immer die Weicheier Karriere
machen und wie ihr es trotzdem schafft.

edition a

Gerald Hörhan
Null Bock Komplott
Warum immer die Weicheier Karriere machen
und wie ihr es trotzdem schafft.

Gesetze, Benimm-Terror, Überwachung und
davon immer mehr: Unser politisches und
ökonomisches System nimmt Menschen mit
eigenen Visionen Raum und Motivation. Es
spült Systemerhalter nach oben, die keine
Verantwortung mehr übernehmen, verwalten
statt gestalten und damit die Volkswirtschaft
ruinieren. Wer mehr will, kann es trotzdem
schaffen. Er muss nur anders denken, als das
System es verlangt. Hörhan gibt eine Anleitung
für den inneren Widerstand gegen Kontrollstaat
und Gleichmacherei, indem er zeigt, wie
erfolgreiche Menschen ticken.

ISBN 978-3-99001-058-7
192 Seiten, EUR 19,95